세기의
쏘울
메이트

세기의 쏘울 메이트

김연 지음

케인스에서 에이드리언 리치까지
세상의 변혁을 꿈꾼 시인과 경제학자들

북인더갭
BOOKintheGAP

일러두기

1. 외국 시 인용 중 출처가 따로 없는 것은 저자 또는 편집자가 번역한 것이다.
2. 주요 인명이나 책명 등의 원어는 가급적 본문에서 맨 처음 나오는 곳과 인물 소개에서 병기했다.

책머리에

연관이 없는 듯 보이는 두 존재가, 사실은 결국 한곳을 바라보고 있음을 전하고 싶었다. '언어경제학'인 시 속에 담긴 꿈과 '시적 사회학'으로서 경제학이 그리는 땀이 씨실과 날실로 짜이기를 바랐다.

시와 경제학 모두 점점 수다스러워지고 있다. 이런 평은, 단지 분량이 길어진 것만을 지적하는 것은 아닐 터다. 경제학 안에는 사람이 없고, 시는 모든 이들을 타인으로 바라보기 때문이다. 시인의 자아가 시 속에 숨쉬고, 경제학자가 돈보다 삶에 집중할 때 비로소 그들의 본령을 찾을 수 있다.

여기 나오는 이들은 모두가 시인이되 경제학자들이다. 숨김과 드러냄으로 핵심을 탐구하는 두 분야의 사람들이 어떻게 살아냈는가를 살펴봄으로써 이들의 본질을 알리고 싶었다.

짧은 호흡으로 연재되었던 원고들을 보완하고 다듬어보았다. 편집자와 펴낸이의 오랜 노력 끝에 제대로 된 책으로 묶였다. 나무에게 미안한 마음을 덜어주셔서 진심으로 감사하다. 실수는 모두 글쓴이의 잘못이다.

말로 바뀌는 건
생각의 3%뿐이라 한다.

그 말의 3%만 네가 들을 수 있다니

네 마음으로 가는 길,

네 것은 다시 그 소리의 3%

시는 그래서
영원한 반역이라나

—김연「뇌과학·돈 3」

　읽어주시는 모든 분들께 고맙고, 이들께 시와 경제학의
참맛이 편견을 넘어 맑게 전달되기를 진심으로 바라며.

2020년 4월

김연

차례

2부 소외의 경제학과 올바름의 시

3부 사람, 시와 경제의 시작

1부

상상력이 싹트는 곳에서
사회변혁이 시작되다

인종혐오주의와 불평등의 원인을 찾다

헨리 조지와 엠마 라자러스

2017년 8월, 미국 버지니아주 샬러츠빌에서 백인 우월주의자들의 대규모 폭력시위가 일어났다. 헬멧과 방패로 무장한 이들은 KKK^{Ku Klux Klan} 휘장을 드높이고 있었다. 심지어 나치 깃발도 등장했다. 충격적이었다.

뉴욕에 있는 자유의 여신상은 아메리칸 드림을 좇아 바다를 건넌 이민자들이 처음 만나는 미국이다. 여신상은 본래 노예제 폐지를 기념하여 프랑스에서 보낸 것인데, 이민자들의 미국을 상징하게 됐다. 시 「새로운 거상」 The New Colossus 이 여신상을 위해서 씌어지면서부터다.

지치고 가난한 그대들,
잔뜩 웅크린 채 자유로이 숨쉬고자 하는 사람들을 내게 보
내주오.
발 디딜 틈 없는 해안에서 가련하게 버려진 자들,
폭풍우에 시달려 갈 곳 없는 이들을 내게 보내주오.
　　　　　　　　　　　　　　　　—「새로운 거상」 부분*

시 속 이 구절은 이민자와 하루를 마감하는 모두의 고단
함을 어루만지고 다독인다.

이 시는 1883년 발표된, 유대계 시인 엠마 라자러스 Emma Lazarus 의 시다. 자유의 여신상을 세우는 비용이 모자라, 이
를 마련하고자 시의 원본이 경매에 나왔었다. 그러나 그녀
의 죽음 이후 이 시는 세상에서 완전히 잊혀졌다. 1903년,
뒤늦게 그녀의 친구가 시가 담긴 경매 책자를 발견했고 비
로소 이 시가 자유의 여신상 주춧돌에 새겨졌다.

---

* 이하 시 인용 중 따로 출처를 밝히지 않은 것은 저자 또는 편집자가 번역한
것이다.

설탕공장을 운영한 아버지 아래서 유복하게 자란 라자러스는 시와 문학에 매료됐고 이른 나이에 시집도 낼 수 있었다. 당대 문학가인 랄프 왈도 에머슨[Ralph Waldo Emerson]은 그녀의 시를 좋아해, 평생 길잡이로 삼았다. 그런데 1903년 제정 러시아의 유대인 집단학살을 경험한 이후, 그녀의 곱고 서정적인 시선은 폭력을 당한 유대인들, 지친 이민자들, 가난한 민중들로 향했다. 시인은 특히 인종혐오주의와 민족주의의 원인을 찾고자 노력했다. 2017년 샬러츠빌에서 일어난 그런 폭력사태의 뿌리 말이다.

고민하던 라자러스는 미술가이자 편집자 친구인 길더 부부의 집에서 극적으로 한 경제학자를 만난다. 그리고 그의 저술을 읽어가며 원인과 해법에 눈을 뜨게 된다. 그는 『진보와 빈곤』[Progress and Poverty]이라는 저술로 유명한 헨리 조지[Henry George]. 조지는 남북전쟁 이후 무너졌던 경제가 살아난 도금시대에 렌즈를 들이댔다. 그는 이때의 엄청난 경제성장 이면에 있는 부의 편중과 불평등이 여러 사회문제의 원인이라고 일갈했다. 특히 부가 왜 편향되는가 하는 질문에 명쾌한 답을 찾았다. 바로 토지가 개인에게 소유되었기 때문이라는 것이다. 땅을 개인이 소유하고 독점하면 지대만을 추구하려고들 하는데, 바로 여기에서 문제가 비롯된다고 갈파한 것이다.

조지는 토지 독점소유의 문제를 지적하면서도 사람들의 경쟁을 부정하지는 않았다. 다만, 경쟁을 완화하고 해결하려는 장치로, 세금의 '정확한 활용'을 제안했다. 즉, 토지 위 구조물인 건물·인프라와 임금에 세금을 매기되 토지에 더 많은 세금을 부과하자고 주장했다. 인구가 늘어서 땅의 가치가 올라가는 것은 토지를 가진 사람의 노력과 전혀 관계가 없는 일인데도, 토지소유자에게만 이익이 돌아간다는 점을 지적하며 토지부과세를 해결책으로 제시했다.

우리말에서 밥·옷·집은 '짓는' 것이지만, 땅은 '짓는다'는 동사를 쓸 수 없다. 그의 주장은 이처럼 짓는 게 아닌 것은 제대로 된 노력의 결과물이 아니라는 뜻으로도 볼 수 있을 것이다. 그는 땅, 나아가 환경과 자연을 공공재산으로 보았고, 사회문제를 해결하는 실마리로 공공재산을 꼽았다. 그의 '지공주의地公主義'를 따르는 문인과 학자, 지식인은 아주 많았다. 대표적으로 톨스토이와 버나드 쇼와 같은 문인들이 있었다. 물론 발군의 학자들도 있었는데, 예컨대 '자유주의 경제학자' 밀턴 프리드먼마저도 그의 해법을 적극적으로 긍정했다.

그의 이상과 해법에 큰 영향을 받은 시인 라자러스는 유대인 이민자를 지원하는 운동에 적극적으로 투신했다. 또한 사회의 발전을 저해하는 양극화를 해결하고자 했다. 라자러스는 토지세를 도입하는 운동에 열정을 바쳤다.

그녀가 1881년 쓴 시, 「진보와 빈곤」은 '헨리 조지의 책을 읽고'란 부제를 달고 있다.

오 짧은 번개가 일으키는 찰나의 불꽃에
과학이 등을 비추는 찬란한 시대여.
그 빛을 별빛처럼 단단히 고정시켜
하늘의 이마에 인간의 이름을 새겨라.
철갑을 둘러 파도와 폭풍 따위 무시하는
배를 띄워라. 인류는 자유로이 항해한다.
가보지 못한 그 넓은 바다에서
그 배는 끝없는 쓰레기를 넘어 새로운 항구로 신나게 나아간다.
클레오파트라의 황금 바지선보다 더 풍요로운
이 배에는 반신반인半神半人의 사람들과

진귀한 보화들이 가득하다. 하지만

그 깊고 악취나는 지옥에서 하품하는 자는 누구이며

땀에 젖어 헐떡이며 그 배고픈 괴물을 먹이는 노예들은 또
누구인가

밤낮으로 머리 위에서 지배하는 그자를 모르는가?

「진보와 빈곤」 전문

　이 시에서 우리는 읽을 수 있다. 물질적 진보와 치우친 빈
곤이 동전의 앞뒤처럼 붙어 있는 그 야릇한 아이러니를.

　두 사람은 자주 편지를 나눴다. 그중에는 유대계 난민만
을 위해 운동하는 시인을 꼬집으며, 오히려 민중 전체를
위해 노래하길 바란 헨리 조지의 편지도 있었다. 라자러스
가 거기에 답하고 서로를 설득해가며 둘의 생각은 깊어져
갔다. 그 이상향은 다를지라도 불평등을 넘어서려는 명명
백백한 노력이었다는 점에서 이들의 삶은 결코 다르지 않
았다.

헨리 조지 Henry George
1839~1897. 『진보와 빈곤』 *Progress and Poverty* 을 지은 미국의 경제학자. 자연이 주는 것은 모든 사람에게 공평하다는 생각을 기초로 토지세를 창안한, 토지공개념의 아버지이다. 특히 자본과 토지를 구분하지 않는 마르크스주의를 비판했다. 우리나라에서도 많은 경제학자들이 헨리 조지의 생각을 따르고 있으며, 근래에는 한국 주요 정당에서도 이 개념을 받아들이고 있다.

엠마 라자러스 Emma Lazarus
1849~1887. 미국의 시인이자 유대주의 운동가. 그녀의 시 「새로운 거상」 The New Colossus이 자유의 여신상 주춧돌에 새겨져 있다. 헨리 조지의 영향으로 개혁 운동에 적극 참여했다.

시인 어디, 그는 경제학자 폴라니의 뮤즈였다

엔드레 어디와 칼 폴라니

배고플 때 내게 주어진 사과 한 개를 먹는 것은 무척 배부르고 아주 기쁜 일이다. 하지만 배가 부르면 그 사과 한 개를 더 먹어도 그리 행복하지 않다. 아니 오히려 고통스러울 수도 있다.

이런 '한계효용 체감'은 시장에서 '가격'을 결정하는 근간이 되며, 근대 경제학의 출발점이 된다. 사과가 아니고 돈이라면 어떨까? 통장이 두둑해져도 돈이 생기는 것은 여전히 (아니면 더 큰) 기쁨이 된다(그래서 지금도 그런 사람들을 사뭇 보고 있지 않은가?). 그런데 여기에도 마찬가지로 화폐의 시장이 존재한다고 생각하고, 이들의 '가격'을 매겨 거래를 한다.

이런 '화폐시장'은 우리가 학교에서 배우거나 아는 '시장'처럼 잘 작동하고 있을까? 폭주해가는 이 시장자본주의는 과연 어떤 체제일까? 우리는 과연 시장을 실제 사회에서 외따로 끄집어내 분석할 수 있을까?

미국의 전 국무장관 헨리 키신저는 "나라를 지배하려면 오일^{Oil}을 통제해야 한다. 만약 음식을 통제하면 사람을 지배할 수 있다"고 소리 높여 말했다. 또한 시티그룹이 2006년에 고객(아마도 현금 부자들)을 위해 작성한 투자전략 보고서가 '우연히' 공개된 적이 있는데 시장경제 안에서 부자들에게는 어떤 위험도 없다고 단언했다고 한다. 단 하나, '1인 1표'라는 점만 빼면.

70여 년 전 출간되었지만 진작부터 고전의 반열에 든 칼 폴라니$^{Karl\ P.\ Polanyi}$의 『거대한 전환』$^{The\ Great\ Transformation}$은 시장경제의 이러한 문제를 역사적으로 분석하고 민주적 정치체제의 입장에서 고발한다. 전환기의 근대국가는 발전을 위해 사회구조를 바꾸는 '시장'을 만들어야 했고, 시장은 효용을 늘리기 위해 결국 국가가 필요했다는 것이다.

경제·정치철학자인 칼 폴라니는 거기에서 그치지 않고 '자기조정이 가능한 시장자본주의'는 너무나도 이상적이기만 한 개념이라고 말한다. 이러한 모형이나 개념과 전혀 같지도 않고 같을 수도 없는 현실을, 거기에 끼워 맞추고만 있는 탓에 오히려 더 많은 문제들이 생긴다고 논증했다. 폴라니는 우리나라의 여러 경제학자들을 통해 소개됐고, 그의 이름을 딴 경제연구소도 아주 활발히 활동중이다.

지금은 시장이 사회를 지배하는 세상이다. 또한 누군가 (?)에 의해 그것이 통제되고 있기도 하다. 폴라니는 사회를 만드는 요소 중 하나에 불과한 시장이 사회 위에 군림하는 한 우리에게 미래는 없다고 했다. 그는 윌리엄 블레이크의 시를 빌려 자본주의 시장을 '악마의 맷돌'이라고 불렀다.

폴라니는 1886년 헝가리에서 태어났다. 세기말적 분위기의 헝가리에서 동료들과 '갈릴레이 서클'이라는 모임을 만들어 활동했다. 갈릴레이 서클은 당시 만연한 국가의 부패와 기회주의, 타락에 항의하는 적극적 사회참여 그룹이었다. 그의 '경제학적이고 철학적인' 뮤즈가 그곳에 있었으니 바로 그가 시인 엔드레 어디^Endre Ady^다. 폴라니와 어디 모두 지위는 있었지만 가난한 집에서 나고 자랐다. 이 둘은 사람들이 도덕적으로 행동해야 세상이 나아진다고 굳게 믿었다.

시인 어디는 무척 실험적이고 반문화적인 시들을 많이 썼다. 파리에서도 살았는데, 이때의 경험을 바탕으로 쓴 작품들은 헝가리 시단에 독특한 경향을 만들어내기도 했다. 시인으로 그는 급진적인 시를 발표했고 언론인으로도 활동하며 다양한 기사를 썼다. 급진적인 생각을 반영한 글들을 통해 시인 어디는 폴라니와 깊이 교감했다. 그러나 어디는 41세의 나이에 알코올 중독으로 숨을 거두었고 폴라니는 그의 죽음 앞에서 '변혁의 시인'을 기리는 추도연설을 하기도 했다.

폴라니는 시인 어디가 양심을 일깨우고 사람을 이끈다고 하면서 그를 예수에 비유했다. 또한 아이들의 눈을 바라보면서 더 나은 세상을 노래하는 그에게 공감했다.

나는 내가 무엇인지 몰랐네.
나는 하나의 고발이 되고 싶었네.
아니, 고발이 아니라 경고가 되고 싶었네.

내 가련하고 길들여진 머리가 피어나 열매를 맺는

하나의 아름다운 사례가 되고 싶었네.

(…)

비밀은 당신의 눈 속에 감춰져 있네.

만약 우리가 눈물 섞인 탄식으로,

탄식과 눈물로 눈을 감는다면 어느날

도나우–티서 강ᴾ 유역에서는 무슨 일이 벌어질까?

그러면 세상은 움직이고 부글거릴 것이네.

―「필요의 나무」 부분

    거대한 전환은 여전히 계속되고 있다. 우리는 경건한 피로감 속에 있지만, 결국 새로운 내일을 맞을 것이다. 다가올 그 변화를 상상하고 그리는 것은 바로 우리다. '사회시장'이 올바르게 작동하는 세상을 그려볼 수도 있겠다. 그것은 시인과 경제학자가 빚어낸 독특하고 놀라운 변화의 다른 걸음이 될 터이다.

칼 폴라니 Karl P. Polanyi

1886~1964. 헝가리 출신 오스트리아의 경제학자. 그의 주저 『거대한 전환』 *The Great Transformation*은 무척 유명하다. 역사사회학의 하나의 전범이 된 이 책에서 상품화할 수 없는 것(예컨대 토지와 화폐)들을 상품화할 때 발생하는 자본주의의 근본적 문제점을 지적했다. 그의 경제사상은 금융위기 이후 신자유주의를 극복할 수 있는 방법으로 다시 주목받았다. 그는, 우리나라 경제가 신자유주의로 치닫던 지난 이명박·박근혜 대통령 재직시 많이 조명되었다.

엔드레 어디 Endre Ady

1877~1919. 헝가리의 시인이자 저널리스트. 20세기 최고의 헝가리 시인으로 일컬어진다. 사회적 진보와 발전을 신뢰했으며 현대 유럽에 근본적인 질문을 던졌다. 주요 시집으로 『새로운 시들』 *Új versek* 등이 있다.

보수와 진보 사이에서 비틀대던
'종말론적 고민'

토머스 맬서스와 메리 셸리

시간을 축으로 하여 사회의 변화를 그려내는 것은 일군의 경제학이 추구하는 학문적 목적이고 실생활로의 응용이었다. 여기에 '공간'이라는 차원을 더하여 경제학의 지평을 넓힌 학자가 있다. 『뉴욕타임스』 등에 신랄하고 냉소적인 비평을 쓰는 칼럼니스트 폴 크루그먼^{Paul Krugman}이다. 〈슬레이트〉^{slate.com}에 개설되었던 그의 블로그는 '우울한 과학'^{The}

dismal science이란 이름을 달고 있었다. '우울한 과학.' 이 말은 경제학의 성격을 잘 드러내는 별칭으로 회자되는데, 통찰력이 남다른 독설가의 블로그 이름으로는 제격이다.

경제학에 이런 절묘한 이름을 붙인 사람은 영국의 사상가 토머스 칼라일Thomas Carlyle이다. 그 연유는 같은 나라 경제학자인(성공회 성직자이기도 했던) 토머스 맬서스Thomas R. Malthus의 저작 때문으로 알려져 있다. 인구가 식량보다 훨씬 더 빠르게 늘어가므로 인류의 미래는 무척 암울하다는 명제는 맬서스의 책 『인구론』An Essay on the Principle of Population의 핵심 주장이다. 당대 학자들 또한 이윤율이 점점 낮아지므로 더이상의 성장은 어려울 것이라고 이미 예견했던 터이다.

맬서스는 기하급수적으로 불어나는 사람 수를 결코 사회가 감당할 수 없기 때문에 누군가는 죽어야만(혹은… 죽여야만!) 한다고 단언했고, 그 대상으로 지목된 사람들은 안타깝게도 '누군가의 지원이 없이는 결코 살아갈 수 없는' 사람들이었다. 그 주장의 과격함과는 무관하게 맬서스의 논의는 고전파경제학에서 다루는 분배 개념의 기초가 됐다. 그러한 측면에서 이 주장은 경제학적 함의를 얻었다.

『인구론』은 사실 '고드윈William Godwin, 콩도르세Nicolas de

Condorcet, 그 외 작가들의 짐작speculations에 대한 논평과 더불어'라는 부제를 달고 있다. 콩도르세는 프랑스혁명의 좌파 사상가였고, 고드윈은 이를 좇아 사유재산 철폐를 주장했던 작가이다. '짐작'이라고 칭한 대로, 책에는 이들 진보좌파의 논리를 공격하려는 속셈이 가득 담겨 있었다. 맬서스는 몰락하던 지주들의 입장을 대변하는 보수 입장에 섰던 것이다. 실제로 이 책은 고드윈의 『정치적 정의와 그것이 일반 미덕과 행복에 미치는 영향』이라는 책에 비판적이고 냉소적으로 대응하기 위한 것으로 알려져 있다.

고드윈은 그의 지지자이자 토머스 맬서스의 아버지인 데이비드 맬서스와 무척 각별한 사이였다. 둘은 왕래도 잦았고 여러 의견도 깊이 나누었다. 토머스 맬서스는 고드윈과 결코 먼 사이가 아니었던 것이다.

또한 고드윈의 부인은 여성주의 작가이자 프랑스혁명사에서 빼놓을 수 없는 메리 울스턴크래프트Mary Wollstonecraft다. 이처럼 두 부부는 봉건계급 시대가 여전한 상황에서도 매우 급진적인 성향을 가지고 있었다. 시인 메리 셸리Mary W. Shelley는 이들 부부의 딸이다. 메리 셸리는 최초의 공상과학소설인 『프랑켄슈타인』Frankenstein의 지은이로 유명하다. 이 책은 근대 과학에 생래적으로 내포된 인간적 실패를 암시하고 있는데, 그녀는 이 책을 불과 열여덟살에 펴냈다. 남편은 당대 영국 시인들인 키츠나 바이런과 어깨를 겨눈 퍼시 비시 셸리^Percy Bysshe Shelly로, 그 역시 진보적인 철학을 지닌 시인이었다.

그들 부부는 서로를 정말 사랑했다. 남편은 "오오, 바람이여 / 겨울이 오면 어찌 봄이 멀겠는가?"라며, "그러나 달디단 이 모든 것도 소용없으리 / 그대가 내게 입을 맞추어주지 않으면"이라고 노래했다. 메리 셸리도 "내 사랑 별빛으로 내게 다가와 / 내 눈꺼풀에 그대 입맞춰주오"라고 답했다.

그런데, 퍼시 비시 셸리는 유부남이었고, 그와 사랑에 빠져 함께 도망갈 때 메리 셸리는 고작 열여섯이었다. 그녀가 스물다섯이었을 때 남편은 폭풍을 만난 배에서 익사하고 만다. 그녀는 오십 줄까지 혼자 양육을 전담했다. 그녀의 삶은 팍팍했고, 고단하기만 했다.

메리 셸리와 맬서스는 서른 살 넘는 나이 차이가 난다. 그런데 두 집안은 무척 가까워서, 맬서스는 마치 삼촌처럼 셸리의 삶을 지켜보았다. 그녀의 삶을 바라보면서 맬서스는 누구보다 안타까워했고 '진보좌파'의 무능에 대한 혐오를 키웠다. 『인구론』을 여섯 번이나 고쳐내는 동안 맬서스에게 전해져온 메리 셸리의 곤궁한 생애는 그로 하여금 삶을 더 염세적으로 바라보게끔 하진 않았을까?

메리 셸리 또한, 집안끼리 교분을 나누었을 뿐 아니라 학술적인 영향도 받았다. 그녀는 남편과 함께였던 1821년 피사^{Pisa}에서 『인구론』의 초판 원고를 완독했다. 이때의 느낌은 종말론적인 그녀의 작품 『최후의 인간』에 녹아들었다. 그러면서 그녀는 그의 견해에 일면 동의하기도 했고, 아버지와의 논쟁에서 때로 맬서스의 입장에 서기도 했다.

『최후의 인간』을 비평한 펜실베이니아 주립대학 로렌 카메론 교수는 그녀가 인간과 사회에 대해 맬서스와는 다른 해법을 가졌다고 평가한다. 그녀는 인구변화를 '제어'하기보다는 자연의 흐름에 맡기기를, 고통에 밀어 넣기보다는 공감하기를, 그리고 전체를 위한 희생보다는 개인의 협력을 강조했다고 한다. 애잔한 삶으로, 맬서스와 같은 주변 사람들에게 안타까움을 불러일으켰지만, 최근 발굴된 여러 작품에서 협력을 통해 제대로 된 사회를 만들 수 있다는 그녀의 신념이 거듭 드러나고 있다.

토머스 맬서스 Thomas R. Malthus
1766~1834. 영국의 정치경제학자. 성직자이기도 한 그는 고전파경제학의
거목이다. 인구 증가의 속도와 식량이 늘어가는 속도를 비교하여, 빈곤의
원인을 찾은 것으로 유명하다. 그 결론으로 인간의 빈곤은 자연스럽다고 주
장해, 자본주의 체제의 모순을 증명한 공이 있다. 이런 까닭으로 경제학에
'우울한 과학'이라는 별명을 안겨주게 된 장본인이 됐다. 주요 저서는 『인구
론』 *An Essay on the Principle of Population* 이다.

메리 셸리 Mary W. Shelley
1797~1851. 영국의 소설가. 『프랑켄슈타인』 *Frankenstein* 으로 세계적인
관심을 받았다. 남편은 낭만주의 시인 퍼시 셸리였고 아버지는 정치철학자
윌리엄 고드윈, 어머니는 페미니스트 작가 메리 울스턴크래프트였다.

너와 나, 우리가 같이 살기 위해서라면

우자와 히로후미와 만해 한용운

현대 경제학의 성장이론과 수리경제학에서 빼놓을 수 없는 경제학자가 있다. 대개 서양인들로 점철된 이 분야에서 몇 안 되는 동양 출신의 학자 우자와 히로후미^{宇沢弘文}다. 경제 안에서 기술^{Technlogy}이 변화하는 이유를 찾았던 케네스 애로$^{Kenneth Arrow}$의 가장 중요한 '연구 파트너'는 바로 히로후미였다. 세계를 주름잡는 시카고학파 로버트 루카스$^{Robert Lucas}$의 성장이론도 기실 히로후미가 아니면 결코 발전할 수 없었다. 갖고 있는 정보의 양과 질이 서로 다를 때 (물물)교환이 어떻게 일어나는지를 연구한 조지 애컬로프 George Akerlof와 조지프 스티글리츠Joseph Stiglitz는 심지어 히로 후미의 조교였다. 스티글리츠는 근래 '불평등'에 투신해 여러 연구를 수행하고 있으며, 애컬로프의 배우자는 미국 연방준비제도FED 의장인 재닛 옐런Janet Yellen이다. 애로, 루카스, 애컬로프, 스티글리츠, 이들의 공통점은? 모두 노벨 경제학상을 받았다는 사실. 시카고 시절 히로후미가 맹비판했던 학자도 당연히(?) 노벨상을 받았다. 신자유주의의 아버지, 밀턴 프리드먼 말이다.

본래 수학자로 성장해, 현대 경제학의 기초가 되는 수리 경제학과 균형성장이론의 바탕을 닦은 우자와 히로후미는 누구보다 자주 노벨상 후보로 거론됐지만 결국 그 상을 받지는 못했다. 많은 사람들은 그 이유로 그의 '변절'(?)을 꼽는다. 프리드먼의 득세와 베트남 반전운동을 기점으로 그는 시카고에서 다시 일본으로 돌아왔는데, 현대 경제학에 기여한 자신의 수학적인 '렌즈'가 사회를 곡해하는 데 쓰이는 것을 차마 지켜볼 수 없었기 때문이라고 고백했다.

그러나 그는 '변절'한 게 아니다. 청년시절 경제학으로

들어설 때 그를 움직였던 러스킨^{John Ruskin}의 문장, '(경제
는) 부가 아니다. 삶이다'를 자신의 머릿속에서 지워본 적
이 없었다. 오히려 현대 경제학이 그를 배신한 것이다. 그
는 시장 만능주의를 강하게 비판하고, '공통자본'으로 불
리는 교육과 환경을 수리적으로(!) 연구했다. 나 혼자만 사
는 게 아닌, 너와 내가 함께인 경제를 이해하고자 했다. 그
가 타계했을 때 일본의 저명한 철학잡지 『현대사상』은 전
체 지면을 할애해 그의 사상과 삶을 다뤘다.

우자와 히로후미는 우리가 곧 세상이며 같이 사는 것만
이 진짜배기 자유임을 깨달은 진정한 자유인이었다. 만해
한용운^{韓龍雲} 역시 인류의 근원적 양심과 자유의 본질을 이
해했다. 만해는 그 바탕 위에서 독립투쟁을 전개했다. 그는
진정 우리 근대사에서 가장 큰 인물이다. 주권이 없던 시
절, 그 회복을 위해 평생을 바치고 민족의 주체성과 자존감
을 높이려 애썼다.

남들은 자유를 사랑한다지마는, 나는 복종을 좋아하여요.
자유를 모르는 것은 아니지만, 당신에게는 복종만 하고 싶
어요.

복종하고 싶은 데 복종하는 것은 아름다운 자유보다도 달
콤합니다.

그것이 나의 행복입니다.

그러나, 당신이 나더러 다른 사람을 복종하라면,

그것만은 복종할 수가 없습니다.

다른 사람을 복종하려면 당신에게 복종할 수 없는 까닭입
니다.

―「복종」 전문

만해의 자유는 '복종하고 싶은 데 복종하는' 자율성이
다. 바로 '나'다운 '나'의 구현이었다.

만해의 시는 불교의 뜻, 나아가 모든 원대한 종교를 묘파
하면서도 독립을 위한 투쟁과 인간에 대한 사랑도 담아, 불
교식 표현으로 '일체원융'을 이룬다. 「님의 침묵」을 읽으면
'님'이 '나'가 되고, '우리'가 '님'과 '나'로 변해가는 것을
깨닫게 된다. 남과 내가 곧 우리이며 나아가 '님'인 것이다.

우리를 어우러져 살 수 없게 하는 것은 자유 없는 속박이
자 일제이며, 남의 것에 대한 욕심이다. 그래서 '님'은 사랑

하는 사람, 민중과 역사가 되고, 생명과 불타가 된다. 님은 다시 돌아 나 자신이 되는데, 그것은 '인간의 마음을 소중히 여기는 경제학'이라고 알려진 우자와 히로후미의 사회적 공통자본과 바로 이어진다.

우리가 곧 세상이며, 같이 사는 것이 곧 자유임을 깨달았던 사람들. 그 믿음을 자신들의 가장 순수한 언어로 표현헀던 시인과 경제학자야말로 근현대의 진정한 등불이다.

우자와 히로후미 宇沢弘文

1928~2014. 경제학계에서 빼놓을 수 없는 수리경제학자. 그를 경제학으로 이끈 것은 가와카미 하지메의 『가난이야기』다. 일본에서 수학을 공부하고, 노벨경제학상 수상자이자 수리경제학의 거목인 케네스 애로의 초청으로 도미, 경제학 연구에 매달렸다. 하지만 밀턴 프리드먼의 신자유주의 경제학에 실망해 일본으로 돌아와, 사회적 공통자본이라는 이름으로 주류 경제학이 다루지 않은 요소에 집중했다. 『사회적 공통자본의 경제학』 등 많은 저서를 남겼다.

한용운 卍海 韓龍雲

1879~1944. 1919년 3·1운동 때 민족대표 33인의 한 사람으로서 독립선언서에 서명, 체포되어 3년형을 선고받고 복역했고 이후 1926년 시집 『님의 침묵』을 출판하여 저항문학과 독립운동에 앞장섰다.

시대의 편견에 맞서
비슷한 언어로 생각을 나누다

버지니아 울프와 케인스

수학자 리프먼 버스$^{Lipman Bers}$는 이렇게 말했다.

수학은 곧 시詩이다. 위대한 시는 수많은 생각을 짧은 말 안에 담는 것일진대, 그런 면에서 '오일러의 등식' 같은 수식은 무척 시적이다.

수학을 언어로 하여 자연을 기술하는 학문은 물리학이다. 사회과학에서는 경제학이 같은 위치에 있는 학문이다.

'언어'를 쓴다는 점에서 공통점을 가진 시인과 경제학자는 그래서 서로 통하는 모임을 가질 수 있었다. "한 잔의 술을 마시고/우리는 버지니아 울프의 생애와/목마를 타고 떠난 숙녀의 옷자락을 이야기"하는 박인환의 「목마와 숙녀」 속 버지니아 울프Virginia Woolf와, 2008년 경제위기 이후 다시금 세상에 불려나온 존 메이너드 케인스John Maynard Keynes는 그렇게 한 모임의 일원이 되었다.

20세기 초 영국 런던에는 블룸스버리 그룹Bloomsbury Group이라는 젊은 지성집단이 있었고, 울프와 케인스는 여기서 오랜 시간 사귀었다. 두 사람은 그곳에서 모더니즘과 개인주의에 대해 의견을 나누며 지적으로 서로 영향을 주고받았다.

케인스는 본래 수학을 공부했고 확률과 논리학에 무척 뛰어났다. 그러다가 경제학자 알프레드 마셜의 권유로 경제학을 천착하게 된다. 버스가 말한바, 수학이 가진 시적 언어의 특징을 체득한 그가 블룸즈버리 그룹의 문학적 성향에 영향을 받은 것은 분명하다. 케임브리지 시절에 케인스는 문학 클럽의 의장을 맡기도 했다. 나라를 지배할 때도 문화를 활용해야 한다는 주장이나 예술에 투자함으로써 수요를 확보할 수 있다는 정책은 문학과 예술에 대한 그의 관점을 잘 드러낸다.

주머니를 돌로 가득 채우고 스스로 강으로 걸어간 울프의 죽음은, 박인환의 시에서처럼 "목마를 타고 떠난" 우울함으로 기억된다. 다행히 숙모의 유산 덕에 울프는 경제적으로는 그리 불우하지 않았다. 울프는 파격적인 책 『자기만의 방』*A Room of One's Own*에서 다음과 같이 말했다.

지적 자유는 물질적인 것들에 달려 있습니다. 시는 지적 자유에 달려 있지요. 그리고 여성은 그저 이백 년 동안이 아니라 역사가 시작된 이래로 언제나 가난했습니다. 여성은 아테네 노예의 아들들보다도 지적 자유가 없었습니다. 그러니 여성에게는 시를 쓸 수 있는 일말의 기회도 없었던 거지요. 이러한 이유로 나는 돈과 자기만의 방을 그렇게 강조한 것입니다.

—『자기만의 방』(이미애 옮김, 민음사 2006, 163면)

또한 "경제력은 참정권보다도 중요하다"고 적었다. 당시 유럽에 만연했던 개인주의는 이렇게 여성 한 사람 한 사람을 대상으로 구체적으로 표출되었다.

케인스 역시 거시적인 사회의 물결과 흐름을 고려하면서도 구성원 하나 하나의 행동에 초점을 맞춰 어떻게 하면 전체의 수요를 늘릴 수 있을지 고민했다. 이렇듯 케인스 경제학의 핵심도 울프의 생각과 비슷한 뿌리를 가지고 있다. "주어진 사실(사회)이 바뀌면 나는 나의 입장을 바꿀 테요. 그렇다면 경은 어쩌시겠소?"라는 그의 말을 곱씹어보면, 개인의 행동은 사회에 대한 반응으로서 나타난다는 이 둘의 생각을 짐작할 수 있다.

두 사람 사이에 직접적인 사랑의 감정은 없었다고 알려져 있다. 하지만 이들은 블룸즈버리 그룹 일원들 사이의 삼각 혹은 사각관계에 연루되기도 했었다. 실제로 울프에게 청혼했던 전기 작가 리튼 스트레이치는 케인스와 밀도 높은 연애를 한 적도 있다(스트레이치는 동성애자로 알려져 있다).

둘이 어울렸던 사실이 케인스를 고약하게 만든 적도 있다. 그의 치부致富 솜씨가 만천하에 드러났기 때문이다. 2차 세계대전 중 케인스는 영국 대표로 독일이 침공하기 전의 파리를 찾았다. 전쟁이 코앞에 닥친 이때 프랑스는 자국의 여러 명화들을 동맹국에 나누어 보관할 계획을 세웠다. 케인스는 정부 요직에 있던 자신의 지위를 남용하여 그림들을 죄다 사재기했다. 많은 수의 인상파 작품들이 그 목록에 있었단다. 그의 치부恥部를 이토록 생생하게 전한 것은 (폭로를 의도하진 않았겠지만) 바로 울프의 일기였다.

블룸즈버리 그룹은 이미 있던 생각들을 '깨뜨리는' 것으로 그 명성이 자자했다. 두 사람의 명성이 확고해진 것은, 역설적이게도 옛 방식의 경제를 고집하다 맞게 된 대공황과 기존 질서를 답습하려는 문학판의 편견 덕분이었다.

여성에게 대학입학조차 허용되지 않던 시절의 강고한 편견을 '부수려' 한 울프. 공급은 스스로 수요를 만든다는 주장을 '뒤집어서' 물건이 팔리지 않는 상황이 바로 문제라고 지적한 케인스. 그들은 대상을 기술하는 언어들뿐 아니라, 그 근간인 사상도 나누었을 터다. 시적 정신의 또다른 본령인 '파격'은 문인과 경제학자 사이에 도도히 흐르고 있었다.

존 메이너드 케인스 John Maynard Keynes
1883~1946. 현대 거시경제학의 창시자. 수학과 통계학에 뛰어났다. 그의
이름을 딴 경제학 조류가 있을 정도로 중요한 경제학자다. 일반이론이라고
불리는 책을 통해 시장주의를 비판하며, 유효수요의 개념을 제시했다. 정
부 재정의 집행을 통해 수요를 늘리는 것이 국가를 살린다는 점을 역설했
다. 대부분의 경제학자는 주식투자에 능하지 못했던 반면, 그의 투자 실력
은 최고로 알려져 있다. 주요 저서는 『고용·이자 및 화폐의 일반이론』*The
General Theory of Employment, Interest and Money*이다.

버지니아 울프 Virginia Woolf
1882~1941. 영국의 작가. 20세기 가장 중요한 모더니스트 중의 하나이며
의식의 흐름 기법을 서사에 이용한 개척자였다. 주요 저서로 『자기만의 방』
A Room of One's Own 등이 있다.

'좋은 사회'는 노동의 철학과 사상에서 온다

김소월과 모리스 돕

1969년, 프랑스에서 있었던 한 연설은 꽤나 유명했다. 그리고 인상적이었다.

'시와 정치는 양립할 수 있는가?'

이 문장은 대통령 연설의 제목이었다! 이 연설가는 바로 퐁피두Georges Pompidou 프랑스 전 대통령. 그는 이렇게 말했다. "둘 모두 삶의 본질을 풀어냅니다. 다만 정치인은 행동으로, 시인은 언어로 쓴다는 점만 다릅니다." 곰곰이 되짚

어보면 본래 정치경제학이었던 '경제학'도 당연히 거기에
들어간다.

김소월金素月은「엄마야 누나야 강변 살자」와「진달래꽃」
같은 유명한 시를 쓴 시인이다. 우리나라에서 그를 모르는
사람은 거의 없다, 아니 어쩌면 모르면 안 되는 인물인 것
같다.「진달래꽃」의 지은이를 묻는 문제가 한국인 귀화시
험에 출제되었을 정도이니 말이다.

우리는 사랑의 정과 한, 그리고 민요의 가락으로 소월의
시와 삶을 이해하고 있다. 하지만 놓치면 안 되는 분명한
사실이 있다. 바로 노동과 자유를 힘주어 말하는, 대지의
사상이다.

공중에 떠다니는
저기 저 새여
네 몸에는 털 있고 깃이 있지

밭에는 밭곡식
논에 물베
눌하게 익어서 수그러졌네

초산 지나 적유령

넘어선다.

짐 실은 저 나귀는 너 왜 넘니?

—「옷과 밥과 자유」전문

소월은 왜 이 시에 '옷과 밥과 자유'라는 제목을 붙였을까? 의식주가 해결될 때라야 인간다운 생활이 가능하련만, 그것을 모두 박탈당한 채 변방으로 내몰린 일제강점기 조선 민중의 삶을 말하는 것이 아닐까?

모리스 돕^{Maurice Dobb}은 영국의 경제학자다. 그는 경제사, 사회주의 경제학과 후진국 문제 등을 폭넓게 연구했다. 그의 사상은 삶에 청진기를 대고 현실 속의 노동과 저항을 예민하게 포착하는 소월의 시처럼, 미시적인 경제사에 초점을 두고 있었다. 물질적 풍요만을 갈구하는 '위대한 사회'를 이상으로 보는 대신, 그는 행복하고 자유로운 '좋은 사회'를 추구했다. 그는 경제학을 실생활에 들이댈 때에, '경제적'인 것과 '사회적'인 것을 굳이 나누지 않았다.

그는 사회를 이해할 때 '시장의 교환'만 쳐다보면 안 된다고 주장했다. 또한 시장과 화폐의 발전이 봉건제를 자본주의로 바꾸었다고 하는 당대 이론을 강하게 비판했다. 시장경제가 발전함에 따라 자연스럽게 봉건제가 쇠락해간 것이 아니라, 오히려 지배층이 더 많은 수입을 올리고자 하는 탐욕으로 노동력을 심하게 착취한 탓에 봉건제가 사라지고 자본주의가 발흥했음을 논증했다. 또한 귀족들이 대응한 방식에 따라 사회가 자본주의로 변하는 정도도 달라지게 됐다고 했다. 이 말들을 곱씹어보면, 결국 사회는 시장이나 화폐가 아니라 일하는 사람들과 그들의 힘에 의해 바뀌어간다는 뜻일 테다.

돕은 약관이 되기 전, 19세의 나이로 노동운동에 관심을 두었다. 1차 세계대전 이후 그가 좇던 영국의 진보적 지식인들이 노동당으로 옮겨간 때문이었다. 당시 동료들은 군대에 가서 출세하는 것만을 이상으로 생각했지만, 그는 그런 삶에 결코 동의하지 않았다.

돕은 소월과 같이 삶의 본질을 고민했다. 그는 학창시절에 노동당원인 수위아저씨와 무척 가깝게 지냈다고 한다. 학자가 되거나 행정가가 되려는 주변의 친구들보다 그와 더 많은 대화를 나누었다. 그러면서, 삶과 노동이 무엇인가를 끊임없이 묻곤 했다.

소월은 일제강점기 수탈당하는 사람들과 사회의 고통에
아파했다. 그는 민족학교인 오산학교에서 김억과 조만식
아래 옷과 밥, 그리고 자유를 빼앗긴 사람들의 저항을 배웠
다. 그는 현실에 예민했다.

> 그러나 집 잃은 내 몸이여.
> 바라건대는 우리에게 우리의 보습 대일 땅이 있었더면!
> 이처럼 떠돌으랴, 아침에 저물 손에
> 새라 새로운 탄식을 얻으면서.
>
> —「바라건대는 우리에게
> 우리의 보습 대일 땅이 있었으면」 부분

시인은 시 쓰며 일했고 자유 뺏긴 시간을 몸으로 극복
했다. 서로 지구 반바퀴 떨어진 곳에서 소월과 돕은 자신과
주변의 신산한 삶을 돌아보며 더 옳은 믿음을 찾고 새롭게
현실을 깨달아간 선구자들이다. 사회의 변화는 그 안에 있
는 사람들의 땀에서 비롯된 것이지 바깥에 있는 무언가가
만들어주는 것이 아니다. 바로 이 점을 그들은 묘파했다.

모리스 돕 Maurice Dobb
1900~1976. 영국의 경제학자. 폴 스위지와 더불어, 봉건주의가 어떻게 자본주의로 변해갔는지의 문제를 논쟁한 경제학자로 유명하다. 논문『자본주의 발전연구』Studies in the Development of Capitalism에서 출발한 이 논쟁은 학계의 세계적인 관심을 끌었으며 상업이 중요한 요인이었다는 돕의 의견이 우세하게 정리되었다. 마르크스주의 역사가인 에릭 홉스봄의 영향을 짙게 받았다.

김소월 素月 金廷湜
본명은 김정식이며 본관은 공주(公州)이다. 한국의 토속적인 한과 정서를 담아낸 서정시를 쓰면서도 일제강점기의 현실적인 문제들을 도외시하지 않았다. 대표 시집은『진달래꽃』.

창조적 파괴와 혁신을 통해
미래로 나아가다

보들레르와 슘페터

비트코인 열풍이 쉽게 잦아들지 않는다. '화폐'에 초점을 맞추면 그 변동성이 너무 커서 회계수단으로서 전혀 기능할 수 없다는 점은 자명하다. 비트코인은 특히 실물경제에 닿아 있지 않고 거래소에서 상품으로서만 다뤄지고 있다. 그러므로 명백히 투기거품이다.

그렇다고 해서 그 근저의 '기술'을 무시할 수는 없다. 실물경제에 착근된다면 블록체인*은 기존 거래방식을 틀림없이 바꿀 것이다. 자율주행차들이 정보를 교환할 때에도 이를 활용한다. 우리가 예전부터 쓰고 있는 공인인증서도 마찬가지다. 이 기술은 이미 있던 암호와 분산저장 등이 새롭게 결합된 것인데, 이렇듯 기술의 새로운 조합은 사회체제를 끊임없이 변화시킨다.

이처럼 기술혁신이 완전히 새로운 것을 만들어낼 뿐 아니라 있던 것들을 재조합하고 판로를 개척하며 제도나 체제의 변화까지도 이끌어낸다고 역설한 경제학자가 있다. 그는 이를 '창조적 파괴'라고 불렀다. 창조적 파괴는 곧 현대 경제학과 경영학에서 강조하는 '혁신'이 됐다.

조지프 슘페터^{Joseph A. Schumpeter}는 1942년에 쓴 『자본주의, 사회주의, 민주주의』^{Capitalism, Socialism, and Democracy}에서 자본주의의 죽음을 확언했다. 그러면서도 자본주의 생산엔진은 쉽게 멈추지 않을 것으로 내다봤고 '기존 기술의 재조합'을 통해 창조되는 혁신을 무궁무진한 동력으로 예상했다.

---

* 네트워크에 참여하는 모든 사용자가 관리 대상이 되는 모든 데이터를 분산하여 저장하는 데이터 분산처리기술을 말한다. 거래 정보가 담긴 원장을 거래 주체나 특정 기관에서 보유하는 것이 아니라 네트워크 참여자 모두가 나누어 가지는 기술이라는 점에서 '분산원장기술'(DLC ; distributed ledger technology) 또는 '공공거래장부'라고도 한다. 블록체인은 거래 내용이 담긴 블록(Block)을 사슬처럼 연결(chain)한 것이라 하여 붙여진 명칭이다.

슘페터는 특히 자본주의를 진화하는 체제로 보았다. 자본주의는 주어진 상황에서 반복적으로 균형에 이르는 정태적 체제가 아니라 점진적이거나 급격한 기술혁신이 지속적으로 생겨나는 동태적 체제라는 것이다. 이러한 진화의 원동력을 이루는 것은 바로 '변화'다. 그의 연구는 일반균형을 바탕으로 한 경제이론과 역사에 대한 조망에 근거한다. 뿐만 아니라 거대한 사회의 흐름부터 생활의 미세한 변화까지 놓치지 않고 관찰했다. 그는 자신의 철학에는 마르크스의 자취가 스며들어 있다고 했다. 그리고 변화에 대해 미세하게 반응하는 태도는 유년시절 시인 보들레르 Charles P. Baudelaire 에게서 영향을 받았다고 고백했다.

프랑스의 위대한 시인 샤를 보들레르는 현대시의 본령인 '언어'와 '관찰'의 뿌리가 된 작가로 평가된다. 산문이 가지는 특징을 촘촘히 걸러내, 급변하는 도시 파리의 선악·미추·영원무상을 다양한 인간 군상을 통해 선명하게 그려냈다. 그런 탓에 외설적이라며 벌금형을 받기도 했다. 산업혁명으로 도시가 성장하고 부르주아가 시민이 되어가던 그때, 물질가치만을 최고로 평가하던 그때, 불평등이 개인의 처절함으로 나타나던 그때, 그는 언어적 상상을 '혁신'했다. 그 상상으로 추악하고 고통스런 현실의 뒤에 버티고 있는 영혼의 안식처를 묘사했다. 보들레르는 몸 너머의 영혼을 다음과 같이 상상했다.

어둠처럼, 또 빛처럼 광막하고
어둡고 그윽한 조화로움 안
긴 메아리가 멀리서 들려오듯
향기와 색채와 소리는 서로 화답한다.

어린아이의 살결처럼 신선하고,
오보에처럼 부드럽고, 초원처럼 푸른 향기가 있고
다른 한편에는 썩고 푸짐한 승리의 향이 있고,

용연향, 사향, 안식향, 훈향같이
무한히 퍼져나가
정신과 관능과 환희를 노래한다.

—「교감」 부분

보들레르는 자신의 시집 『악의 꽃』을 '시작과 끝이 있는'

이야기라고 자평했다. 여섯 장章의 이 시집은 '우울과 이상'으로 시작해 '죽음'으로 끝난다. 그런데 죽음은 패배를 은유하는 것이 아니라, 변화 끝의 새로운 시작을 뜻하며 무한한 세계로의 새 출발을 의미한다. 이러한 보들레르 시의 꾸밈없는 현실과 음울하고 역설적인 느낌, 그리고 이상향을 추구하는 태도는 슘페터에게 짙게 배어들었다.

끝없이 기존을 부수고 새로운 체계를 쌓아가는 과정(창조적 파괴)에서 기술발전의 의미를 봤던 슘페터. 그는 보들레르의 모든 시를 외우고, 다른 경제학자들 앞에서 암송하고 다녔다. 세계대전으로 대표되는 격변의 시대, 경제학계를 이끈 학자가 변화를 추동하고 분석한 힘 역시 시적 혁신에 있었던 게다.

조지프 슘페터 Joseph A. Schumpeter
1883~1950. '창조적 파괴'라는 말을 만들었다. 오스트리아-헝가리 출신의 경제학자로 하버드대 교수를 지냈고 그전에는 오스트리아의 재무장관과 중앙은행 총재를 맡았다. 발라와 제본스가 열어젖힌 한계효용의 개념을 완성한 경제학자로, 이윤을 만들어내는 것은 혁신이라고 갈파했다. 혁신을 가속화하는 동력으로 자본을 지목했다. 슘페터식 경제모형도 거시경제 모형의 중요한 부분을 차지한다. 『자본주의, 사회주의, 민주주의』*Capitalism, Socialism, and Democracy* 외 다수의 저서를 남겼다.

보들레르 Charles P. Baudelaire
1821~1867. 프랑스의 시인이자 비평가. 대표작 『악의 꽃』*Les Fleurs du mal*에서 그는 산업화되는 파리의 도시적 삶에서 순간의 아름다움을 잡아내는 현대시의 표본을 보여주었다. 발레리, 랭보와 같은 작가에게 큰 영향을 끼쳤다.

'로렐라이'를 사랑한 시대의 사상가

하이네와 마르크스

시는 경제적인 문학이다. 한 시인은 언어경제학이라는 이름을 붙이기도 했다. 짧은 분량 안에 진리를 펼쳐야 하기 때문이다. 일상을 다루는 학문인 경제학은 대개 한정된 자원으로 선택할 수 있는 최선은 무엇일까를 연구한다. 둘은 갈라진다. 그럼에도 시와 경제학은 인간의 삶을 촌철寸鐵로써 드러낸다.

카를 마르크스Karl Marx의 생애는 그가 살았던 터를 따라

셋으로 나뉜다. 독일, 파리, 그리고 브뤼셀과 런던. 그의 삶 65년 중 약 15개월에 지나지 않는 파리 시절이 중요하게 다뤄지는 것은 '파리 수고'로 알려진 『경제학-철학 수고』 때문만은 아니다.

"세상에서 가장 아리따운 처녀가/저 언덕 위에 황홀하게 앉아서/황금빛 장신구를 번득이며/황금빛 머리를 빗어 내렸다지"라며 라인강 노을에 가라앉은 배들을 미혹시킨 인어(「로렐라이」)를 노래한 하인리히 하이네^{Heinrich Heine}도 그때 망명자가 되어 파리에 있었다. 프리드리히 질허가 곡을 붙인 낭만적인 「로렐라이」는 우리 중학교 교과서에도 실려 노래부르기 시험에 단골로 등장했었다.

제국주의 덕에 유럽이 최고로 '좋은 시절'을 누린 벨 에포크^{Belle Époque} 이전인 1844년부터 둘은 스무한 살 차이를 넘어 절친한 친구로 우정을 나누었다. 2년이 채 안 되는 시간에 둘은 눈빛으로 서로를 읽었다. 마르크스가 파리에서 추방될 때 "하이네를 트렁크에 넣어 같이 가고 싶다"고 했을 정도로 둘은 가까웠다. 마르크스와 부인 예니는 시를 사랑했고, 사람들의 의식을 깨우는 시들을 읽었다. 비평가들의 여러 연구도 하이네를 비롯한 청년독일파 시인들의 작품은 이 시기에 가장 뛰어났다고 평한다.

마르크스 부부는 시를 읽는 눈이 세련되었고 날카로웠다. 하이네는 부부의 이런 점을 높이 평가했다. 섬세한 성격의 하이네는 평단의 매서운 비평으로 종종 상처도 입었다. 그럴 때마다 그가 '제대로 된' 비평과 위로를 구하러 찾아간 곳은 바로 마르크스의 집이었다.

침침한 눈엔 눈물이 마르고,
베틀에 앉아 이빨을 드러낸다.
독일이여, 우리는 짠다 너의 수의를
세 겹의 저주를 거기에 짜넣는다.
—「슐레지엔의 직조공」 부분

하이네의 「슐레지엔의 직조공」은 1844년 가혹한 노동탄압에 맞선 직조공의 저항을 다룬 시이다. 마르크스의 영향도 있었겠지만 하이네가 본래 향하고 있던 마음을 거침없이 드러내고 있다. 이후 마르크스는 런던에서 이 시를 읽고 계급 불평등에 대한 예리한 시각을 더욱더 날카롭게 벼렸다.

길지 않은 시간이지만 굵은 교분을 다진 둘에게는 이상

향을 좇는 따듯한 눈과 세상을 해석하는 냉철한 가슴이 있었다. 두 사람은 봉건시대를 타파하고, 속물자본을 근절하는 일 등에 깊이 공감했다. 그러나 그러한 사회로 나아가는 혁명의 속도와 예술의 정의에 대해서는 서로 의견이 달랐다. 공산혁명에 요구되는 예술로서 일정한 통일성을 강조한 마르크스와 예술 본연의 흥미에 방점을 둔 하이네의 생각은 아무래도 쉽게 포개지지 않았던 것이다.

하이네는 「독일. 어느 겨울동화」에서 사람을 그리워하는 마음을 숨기지 않고 표현했다.

그 노래를 생각하면
유모도 생각난다, 사랑하는 그 노파가.
온통 쭈글쭈글하고 주름진
검게 탄 얼굴이 다시 눈에 떠오른다.

유모는 뮌스터란트에서 태어났는데
섬뜩한 유령 이야기와,
동화와 민요를
아주 많이 알고 있었다.

이 노파가, 들판에 외롭게 앉아서

금발 머리를 빗고 있는

공주의 이야기를 해줄 때,

내 가슴은 얼마나 격렬히 뛰었던가.

—「독일. 어느 겨울동화」 14장 부분

『파리 수고』에서 마르크스는 소외된 노동의 의미를 밝히고 그 원인이 사적 소유라는 점을 강력하게(그러나 깔끔하게) 논증했다. 노동의 의미부터 부르주아들을 무너뜨리는 계획에 이르기까지 두 사람은 이렇게 마음을 함께했다.

시인을 만드는 것은 무엇인가? 그것은 꿈이다. 오늘을 거슬러 완전히 새로운 눈을 들이대는 시는 또한 반역이다. 정치경제학자 마르크스는 어릴 적부터 시를 썼다. 그의 부모도 시인이 되리라 믿었기에 경제학자가 되어버린 아들에게 크게 실망했다. 그렇지만 우리는 안다. 개인의 삶에서 사회의 움직임을 발견하고, 모든 사람들이 불평등 없이 행복한 반역의 꿈을 꾸길 원했던 그는, 이미 그의 벗 하이네와 같은 시인이었다는 사실을.

카를 마르크스 Karl Marx

1818~1883. 시대가 낳은 경제학자이면서 사상가. 그가 남긴 『자본』*Das Kapital*은 공히 인류의 지적유산으로, 유네스코가 세계기록유산으로도 지정했다. 사회주의 혁명을 부르짖기 이전에, 자본주의의 작동방식을 정확하게 분석했다. 자본주의를 알려거든 그를 읽어야 한다는 말은 사실이다. 경제, 노동, 사회, 지리, 예술 등 모든 분야에 그의 자취가 녹아 있다.

하인리히 하이네 Heinrich Heine

1797~1856. 독일의 시인. 초기 시들은 슈만이나 슈베르트 같은 예술가곡 작곡자들의 가사로 사랑받았다. 후기 시들에는 날카로운 풍자가 담겨 있다. 대표 시집으로 『노래들의 책』*Buch der Lieder* 등이 있다.

제국주의는 위기다, 그 생각을 공유하다

베르톨트 브레히트와 프리츠 슈테른베르크

물론 나는 알고 있다. 오직 운이 좋았던 덕분에

　나는 그 많은 친구들보다 오래 살아남았다. 그러나 지난밤

꿈속에서

　이 친구들이 나에 대하여 이야기하는 소리가 들려왔다.

　'강한 자들은 살아남는다.'

　그러자 나는 자신이 미워졌다.

—「살아남은 자의 슬픔」 부분

테러방지법 통과를 반대하던 국회의원들의 필리버스터에서 베르톨트 브레히트^{Berthold Brecht}의 이 시가 울려퍼진 적이 있다. 192시간을 넘어서야 마무리된 연설들 중 한 의원(이학영 의원)의 입을 통해서였다.

이 시가 주는 울림과 떨림은 사실 시인의 삶에서 비롯된다. 브레히트는 나치 하에서 어쩔 수 없이 망명을 택해서 생존할 수 있었다. 그 사이 자기 주변의 친구들(철학자 발터 벤야민, 영화감독 카를 코흐 등)은 다들 죽어나갔다. 평화를 위해, 그리고 인류를 위해 희생된 사람들 위에 포개지는 자신의 삶에서 그는 부끄러움을 포착했을 터다.

브레히트는 10대의 유년시절부터 시를 써 1,000여 편이 넘는 엄청난 수의 작품을 남겼다. 초기작 중 하나이고, 전통극의 규범을 깨뜨린 작품으로 평가받는 희곡『서푼짜리 오페라』는 산업화의 진행, 시민사회의 형성, 그리고 그것들이 불러오는 인간소외를 날카롭게 풍자했다. 특히, 윤리로 끌밋하게 포장된 시민사회의 질서가 사실은 세상을 더더욱 약탈적으로 굴러가게 한다고 비판했다. 돈으로써 인간을 소유하는 현실을 직시했고 나아가 한 나라가 다른 나라를 쉽게 먹어치우는 야멸찬 시대를 이야기하며, 제국주의에 기초한 이기적 경제발전에 특유의 신랄한 메스를 댔다.

브레히트는 당시의 여러 철학자와 사회주의자, 경제학자들과 함께 활동했다. 그중 손꼽히는 사람은 로자 룩셈부르크. '주류'에서 교육받은 최초의 여성 경제학자로 꼽히는 그녀는 '비주류 현실참여 학자'이자 혁명가이다. 그러나 브레히트가 '나의 첫번째 선생님'이라고 칭한 사람은 따로 있었다.

경제학자 프리츠 슈테른베르크Fritz Sternberg가 바로 그다. 이미 앞에서 보들레르와 함께 소개했던 '위대한' 경제학자 슘페터는 한계효용의 개념을 완성하고 '창조적 파괴'를 주창하며 케인스와 어깨를 겨룬 학자인데, 그런 그가 슈테른베르크를 '과학적' 입장을 견지한 젊은 경제학자로 상찬했다. 그 사상의 기반을 마르크스학파에 두면서도 수리적인 방법을 동원한 데 대한 평가인 셈이다.

슈테른베르크는 『제국주의』Der Imperialismus를 통해 마르크스가 예견한 산업화와 자본주의가 향한 곳이 어디인지를 밝혀냈다. 또한 『왜 히틀러는 이길 수 없는가?』를 써서 제국주의 경제와 사회의 몰락을 정확히 예견하기도 했다. 이렇듯 그는 제국주의의 붕괴 문제, 축적과 빈곤, 그리고 세계의 경제위기를 경제학적 입장에서 연구했다. 나아가 보호주의와 전쟁을 기반으로 한 경제성장—마치 지금의 미국이나 로마제국과 같은—의 문제점을 지적했다. 미치오 모리시마 같은 현대 수리경제학자는, 그 이론의 맞고 틀림을 떠나 그의 연구들 덕분에 마르크스와 마르크스 경제학에 관심을 가지게 되었다고 말한다. 모리시마를 시작으로 다른 경제학자들이 마르크스 경제학에 주목하는 데 슈테른베르크의 연구가 무척 중요한 계기가 된 것이다.

청년 시절 브레히트는 돈의 역할이 무엇인지 무척이나 고민했고, 돈의 의미를 알고자 했다. 이런 관심 덕에 슈테른베르크에게 자석처럼 이끌려, 두 사람은 거의 매주 만났다. 슈테른베르크는 시인에게 경제학과 마르크스주의를 가르쳤고, 시인은 노동가치와 생산가치의 관계에 눈을 떴다. 슈테른베르크는 브레히트의 상상력이 시인답게 무척 넓다고 평했다. 그뿐 아니라 대개의 경제학자들은 생각지도 못했던 여러 가설들을 브레히트는 어렵잖게 떠올렸다고 기억했다.

둘은 '위기'에 관한 짧은 글을 같이 써서 학계의 논쟁에

불을 당기기도 했다. 사회주의와 관련된 활동에도 활발히 참여했다. 경제학자는 시인이 희곡을 쓸 때에 당시까지 유행해왔던 희곡의 전형을 타파하기를 진심으로 바랐고, 브레히트는 그런 바람에 적극적으로 응했다. 브레히트의 글은 완전히 달라졌다. 후대 학자들은 그 경향을 해석코자 '마르크스적 신미주의'라는 말을 만들기도 했다.

둘은 나치를 피해 따로따로 망명했고, 문학과 경제학이라는 다른 갈래의 길을 걸었다. 1940년대 후반 시인은 현실속 사람들 한 명 한 명의 아픔을 보려 했고, 경제학자는 사회주의 운영에 조금 더 참여했다. 이들 둘이서 함께 논의했던 산업화와 제국주의의 위기에 대한 생각들은 오늘날 '트럼프의 미국'이 보이는 문제들이 대체 무엇인지를 명징하게 비추고 있다.

프리츠 슈테른베르크 Fritz Sternberg
1886~1959. 독일의 경제학자. 마르크스의 이론에 해박하지만, 마르크스주의에 경도되지는 않은 사회민주주의자였다. 제국주의의 시각에서 자본주의의 문제를 바라보았고, 자본의 축적과 관련해서 빈곤의 문제를 이해하려고 했다. 이러한 시각으로 '좌파 사회운동가'와는 거리가 있었지만, 주류 경제학적 가정을 크게 흔들지 않고 경제위기를 예견할 수 있었다. 주저는 『제국주의』 Der Imperialismus.

베르톨트 브레히트 Berthold Brecht
1898~1956. 독일의 극작가이자 시인. 뮌헨에서 극작가로 성공을 거둔 후 베를린으로 건너가 마르크시즘에 기반한 서사극 개념을 발전시킨다. 대표작으로 「살아남은 자의 슬픔」 Ich, der Überlebende 이 있다.

국가경제의 관리 방법에 대한 고찰

앙투안 드 몽크레티앙

부동산 대책이나 소득주도 성장과 같은 논의는 언제나 큰 이슈로 신문 1면을 장식한다. 아무리 파장이 작은 뉴스라도 적어도 3면을 넘어가지 않는다. 제도와 경제의 사이가 무척 가깝기 때문이다.

기실 경제학은 정치와 떼려야 뗄 수 없는 학문이다. 표준국어대사전은 이들을 이렇게 정의한다. '경제학'은 경제현상을 분석하고 연구하는 학문이라고. 또한 '경제'란 인간의 생활에 필요한 재화나 용역을 생산·분배·소비하는 모든 활동이나 그를 통해 이뤄지는 사회적 관계를 말한다. 이러한 일들은 그 사회 형태와 연관돼 있으므로 당연히 그 사회의 제도를 결정하고 논의하는 정치와 결부될 수밖에 없다.

경제학은 정치경제학이라는 말에서 나왔다. 정치라는 두 글자는 18세기 중엽 엄밀한 과학적 추론과 정밀한 수학적 논증을 강조하고, 경제에서 정치체제를 분리하여 현상만을 해석하는 데 초점이 맞춰지면서 떼어졌다. 그러나 본래 '정치경제학'은 16세기 이후 중앙집권화가 되어가는 국가의 대규모 경제를 지칭하려고 생겨났다. 그 말을 만든 사람은 바로 시인이자 경제학자 앙투안 드 몽크레티앙 Antoine de Montchrestien 이다.

몽크레티앙은 1615년 『정치경제학 논고』 Traicté de l'économie politique 에서 '정치경제학'이라는 말을 처음 썼다. 정치는 국가, 즉 당시 부르봉 왕가의 프랑스-나바르 왕국을 뜻했고 경제는 가계를 의미했다. 이 책은 루이 13세와 그의 어머니 마리 드 메디치에게 재정을 설명하고, 왕국을 부요하게 만드는 방법을 제안하기 위해 씌어졌다. 저자는 왕국의 재정이 생산과 교환에 달려 있으며, 거기에는 인구가 중요하다고 설명했다. 농업·축산업·공업 등이 부의 원천이라고 말했고, 이 순서로 산업을 발전시키고 국가를 성장시키기를 권했다. 특히 경제 '체제'에 대한 해석이 탁월하여 모든 사람들이 자신의 이익을 추구하고자 '교환'하고 경쟁심에 기반해서 '생산'한다고 보았다. 이에 따라 유통과 국가의 관계를 규정했다. 즉, 유통과 교환이 조직적으로 일어나야 하며, 왕국은 여기에 개입해야 한다고 강조했다.

현대 경제학의 아버지 폴 새뮤얼슨Paul Samuelson은 '경제학 가계도'를 그린 바 있다. 아리스토텔레스와 같은 철학자군과 상인군이 각각 중농주의와 중상주의로 이어지고, 18세기 애덤 스미스에게 닿아 그로부터 경제학이 시작된다는 것이다. 이러한 경제학설의 역사에서 몽크레티앵은 중상주의자에 속하는, 매우 독특한 사람으로 평가된다.

그는 경제학자일 뿐 아니라 당대 잘 알려진 시인이었다. 경제학자, 시인, 극작가, 군인, 철물 제조업자, 주지사와 같은 다양한 직업을 거치다 비극적인 죽음을 맞기도 했지만, 그의 삶 전반을 차지하는 문학가로서의 업적은 무엇보다 높게 평가되며 불문학의 고전으로 꼽히는 비극 작품들을 남겼다.

그의 시는 르네상스 프랑스의 플레이아드^{Pleiade}파가 추구한 문예사조와 밀접하게 연관돼 있었다. 이들은 나랏말을 선양하고자 프랑스어로 작품을 썼다. 또 시와 무용 등을 더해 통합예술을 만들려고 노력했다. 플레이아드파의 일원이 음악과 무용에 극적인 이야기를 더해 만든 예술이 바로 발레다.

몽크레티앵의 작품이 이야기를 풀어내는 방식은 매우 극적이다.

루엥, 가장 부요한 장식을 얻은 당신.

그대 명예의 꽃은 오늘 떨어지고

결혼의 열매를 맺었건만

그녀가 죽은 지금 불행만 가득하네.

(…)

하늘이여! 나는 침묵할 수가 없습니다.

아이를 엄마에게 주고 싶었다면

엄마를 아이에게 남겨두어야 하는 것 아닙니까?

　　　　　　　　　—『몽크레티앵의 비극』 중 「소네트」 부분

『정치경제학 논고』는 시인으로서의 삶이 경제학적 사고에 중요한 기반이 된 것을 증명하는 희귀한 저서이다. 이 책은 사회를 통합적인 눈으로 조망하면서도, 당시 커져가는 경제단위인 국가를 총체적으로 관리하는 방법을 고민했다. 그러면서도 국가경제를 이루는 산업군도 섬세하게 관찰하여 그들의 세세한 역할도 놓치지 않았다.

노르망디에서 태어난 그는 입양됐고, 스무살부터 문학에 심취해 여러 직업을 전전하며 해외로도 종종 도망(!)다녔다. 이런 삶을 돌아보면, 다양한 분야에서 다졌던 경험과 프랑스를 선양하고 통합을 추구한 플레이아드파의 영향이 시인과 경제학자인 그의 삶에 중요한 배경이 돼주었음을 짐작게 한다.

앙투안 드 몽크레티앵 Antoine de Montchrestien
1575~1621. 프랑스의 극작가이자 경제학자. 1615년 『정치경제학 논고』 *Traicté de l'économie politique*를 펴냈는데 이는 학술논문에서 처음으로 정치경제학이란 용어를 쓴 사례로 기록되었다. 이는 아리스토텔레스 이래 경제를 포함한 모든 사회생활에서 정치를 분리해온 전통에 강하게 저항하는 것이었다. 그는 『소포니스바』*Sophonisbe*를 비롯한 많은 비극을 쓴 극작가로도 유명하다.

우리 삶의 성장과 원동력, 민족에서 찾다

박현채와 조태일

오늘 우리는 완전히 새로운 시대를 살고 있다. 굳이 4차 산업혁명이라고 불리는 새로운 혁명을 들먹이지 않더라도 이전과는 판이하게 다른 세상이 돼가고 있다.

금융파생상품 시장의 거래량은 전 세계가 만들어내는 총생산량의 약 17배에 이르렀다. 실제 만들어지는 물건보다 더 많은 돈이 우리도 모르는 사이, 인터넷을 위시한 가상의 네트워크 속에서 컴퓨터 속 숫자로 거래되고 있다. 가상화폐 비트코인의 시가총액은 2015년 말 기준으로 63억 달러 이상으로 전체 디지털 화폐의 90%가 넘는다. 그뿐이 아니다. 가상 속에서 굴러다니는 돈의 그물망은 '민족'과 '나라'의 개념을 온전히 지우고 있다. 어디든 돈은 움직이며, 어디서든 제 이득만을 위해 행동하고 있다. 그 돈은 우리나라의 1~3위 씨앗회사마저 모두 미국회사 몬산토의 소유로 바꿔버렸다.

여러 경로로 '개방開放'만이 강요되는 이 시대에, 정권을 잡은 그 누구도 우리 경제의 성장과 분배를 고민하지 않을 수 없을 것이다. 세계의 경계가 사라지는 와중에도 제 것만 챙기려는 경향은 더 강해지고 있다. 미국만 해도 벌써 보호주의 무역을 취하고 있고 다른 나라들도 제 나라의 경제문제를 먼저 해결하는 데만 부심하고 있다. 남북한 통일을 두고 외교적 행동을 취하는 우리 주변국들은 모두 기실 그 속에 자국 경제를 부양하고자 하는 속셈이 있다. 상황이 이러니 외교에서 통일을 잘 활용하는 것은 우리나라 대통령의 중요한 과업이 될 수밖에 없다.

우리 경제가 스스로 서야 한다는 자존의 길을 설파했던 경제학자가 있다. 민족경제론의 박현채朴玄埰. 1978년에 나

온 그의 책『민족경제론』(한길사)은 1970~80년대 우리 경제
학계를 풍미했고, 김대중 정부의 정책으로 현실에도 반영
됐다. 광복 60년을 맞은 2005년엔『교수신문』이 가장 영향
력 있는 저술로 꼽기도 했다.

그는 중소기업과 기초산업의 육성과 긴밀한 분업을 통
해 우리 경제가 자립할 수 있다고 굳게 믿었다. 또한 농업
을 포함해 경제를 재생산할 수 있는 위치에 있는 민중들의
성장이, 국가가 계획하는 경제성장의 방향과 잘 중첩되어
야 한다고 주장했다. 그래서 이른바 '민족'을 이론경제와
그 정책에 포함하자는 민족경제의 성장논리를 이끌어냈다.

그의 실력은 서울상대 학생 시절 교수들과도 대등하게
논쟁할 정도로 탄탄했다고 한다. 그러나 비단 이론에만 탁
월한 것이 아니라 민중의 생활이 실제 개선되기를 바라며
실천하는 변혁가이기도 했다. 참여와 연대를 통해 경제적
약자들이 더욱 넓은 울타리 안에서 민족경제를 견인할 수
있다고 강조했다. 경제학의 틀 속에 민족과 약자를 분명하
게 새겨넣은 점은 지금의 빈부격차 문제를 해결하는 데도
중요한 실마리를 던져주고 있다.

조태일趙泰一의 시집『식칼론』(시인사 1970)에 실린「쌀」을

읽으면, 살고자 하는 오늘을 차마 주저할 수 없다.

> 멍청하게 와버린 봄빛 위에서
> 머리 푼 저 북풍은 살아 있다.
> 흰 이빨은 펄펄 살아 있다.
> (…)
> 남루한 삼베 치마저고리를 걸친
> 저 누님 같은 아낙네의 살빛은 살아 있다.
> 그의 전신경은 펄펄 살아 있다.
>
>
> 눈을 감으면 어지럽게 쏟아지는
> 쌀은 펄펄 살아 있다,
> 쌀 속의 모든 사연은 살아 있다.
>
> ─「쌀」 부분

조태일은 「쌀」을 노래하고, 시를 꿈꾸고, 사람을 그리고, 통일을 쓰고, 민족을 불렀다. 시인 조태일은 박현채의 막역한 친구다.

"펄펄 살아서 쌀"은 "내 온몸에 살아 있다"며, 우리를 살리는 하늘과 땅이 곧 쌀에 담겨 있다고 말한 시인은 88년 '민족문학작가회의'의 초대 상임이사를 맡았고, 89년부터 광주대에서 가르쳤다.

"그 거창한 체구엔/노동을 하는 게 썩 어울리는데/시를 쓴다니"(「석탄·국토 15」)라는 스스로에 대한 묘사는 그의 우람한 체구를 짐작게 한다. 하지만, "육신과 영혼을 이끌고 지옥까지 들어가는가/도대체 시가 무엇이길래/나라 앞에서 초개처럼/하나뿐인 목숨까지 열어놓고 바치는가"(「시를 생각하며」)를 읽으면 그는 틀림없이 시인이다. 박현채와 마찬가지로 어두운 시대를 온몸으로 거쳐왔지만, 정서를 포착하는 섬세한 눈은 촘촘했다.

이들 시인과 경제학자는 『창작과비평』이나 『사상계』 같은 여러 지면뿐 아니라 다양한 강연에서 씨실과 날실로 만났다. 시인은 사회과학 원고를 출판하는 인쇄소를 운영했고, 그곳은 당연히 만남의 장소가 됐다. 여러 기록을 통해서 두 사람이 그 무엇보다 마음과 술을 나누며 교분을 쌓던 모습을 우리는 쉽게 만날 수 있다. 민주화운동의 여러 원로들이 함께했던 '거시기 산악회'도 그들 사이에 있었다.

『시인을 위한 물리학』이라는 책이 있다. 그런데 『시인을 위한 경제학』이라는 책은 아직 없다. 우리에게는 그런 책이 필요없기 때문일 것이다. 그건 시인과 경제학자가 지향하는 곳이 모두 사람이라는 소리다. 자립에서 경제성장의 동력을 찾았던 민족경제론과 "산과 하늘이 마주 닿는/저 파아란 지평^{地平}과 뜨락"에서 살아가는 힘을 포착한 시인의 이야기를 우리는 꼭 음미해볼 필요가 있다. 시인과 경제학자가 가졌던 따뜻하고 냉철한 눈을 빌려서 말이다.

박현채 朴玄埰

1934~1995. 우리나라의 민족수의 경제학자. 대통령으로 집권하기 전 정치인 김대중에게 깊은 영향을 끼쳤다. 특히 경제정책과 관련된 분야에서 자립적인 경제를 구축하기 위한 방안을 조언했다. 재야에서 활동하던 당시의 저서 『민족경제론』은 우리나라 경제학계에 다양한 경로로 많은 자취를 남겼다.

조태일 趙泰一

1941~1999. 전라남도 곡성 태안사에서 태어나 경향신문 신춘문예에 「아침선박」이 당선되어 문단에 나왔다. '자유실천문인협의회' 창립 멤버로 독재에 저항하다 여러 번 투옥되었다. 주요 시집으로 『국토』 등이 있다.

2부

소외의 경제학과 올바름의 시

죽을수록 태어나는 순환의 역설

윌리엄 카를로스 윌리엄스와 질비오 게젤

내리막이 손짓한다.

오르막이 그랬듯이

시 「내리막」의 첫 소절이다. 한때 광풍을 불러온 가상
화폐 거래소의 거품과 절묘하게 들어맞는다. 변하는 돈의
가치 속에서 열심히 하루를 사는 우리들의 자화상이기도
하다.

이 시는 영화 「패터슨」[Paterson]으로 알려진 시인 윌리엄 카를로스 윌리엄스[William Carlos Williams]의 것이다. 윌리엄스는 미국 뉴저지 패터슨에서 활동한 시인으로 순간을 포착해서 영원한 진리를 찾고자 했다. "시는 연설이나 설명이 아니라 표현"이라고 갈파했던 그는 '객관주의 시인'으로 불렸다.

윌리엄스는 삶이 파괴되는 비로 그 순간, 다시 살아나는 생명력을 다음과 같이 읊었다.

전염병 병동으로 가는 길가

푸르고 얼룩덜룩한 구름 아래

북서쪽에서 불어오는 차가운 바람. 저기,

황량하고 넓은 진흙투성이 벌판

메마른 잡초로 누렇게 된

(…)

그들은 헐벗고 추운

신세계로 들어간다.

그들이 들어간다는 것을 빼면

모든 것이 불확실한 세계로.

그들에게 있는 것이라곤

차갑고 친근한 바람뿐-

(…)

하지만 진입의 정적이 가진

벌거벗은 존엄, 그 심원한 변화가

그들에게 다가와, 그들은 뿌리를 박고

꽉 움켜쥔 채, 새날을 직감한다.

—「봄 그리고 모든 것」 부분

전후 미국문학의 중심에 선 그에게는 많은 추종자가 있었다. 삶은 곧 역설과 순환이라는 그의 해석에 매료된 사람들이었다. 그는 도시노동자와 아이들, 그리고 일상적인 사건을 소재로 신문기사나 편지글의 형식을 활용해 여러 편의 시를 썼고, 급변하는 도시 속 고단한 삶의 편린에서 돌고도는 생명의 힘을 포착했다.

경제학자 질비오 게젤 $^{Silvio\ Gesell}$ 은 자주 윌리엄스를 자신에게 지대한 영향을 준 사람으로 꼽는다. 그는 재야의 경제학자로 평가되지만, 경제위기가 터질 때마다 세상으로 그 이름이 불려나온 사람이다. 게젤은 『자연스런 경제질서』^{Die} $^{natürliche\ Wirtschaftsordnung}$ 를 쓰며, 화폐가 갖는 '저장기능'에 신랄한 비판의 칼날을 들이댔다. 그는 "모든 것은 다 썩지만 왜 돈은 썩지 않는가?"라고 강하게 반문했다.

동물은 먹이를 자식에게 가져다주고 자신도 배불리 먹고 나면 그 이상으로 쌓아두지 않는다. 썩기 때문이다. 자연스러운 순환원리 안에서 '지금, 여기'의 삶을 산다. 인간은 다르다. 화폐를 냉장고의 저장기능에 비유하지만, 기실 냉장고도 음식을 완전히 보존할 순 없다. 다만 썩는 속도를 늦출 뿐.

삶과 도시의 변화를 관찰하던 윌리엄스는 게젤의 이러한 생각과 사회신용운동을 자신의 시행에 담았다. 자발적인 '자연스러움'과 '순환'이라는 깨달음을 읊었고, 시의 형식에도 이런 생각을 적용해 순간의 변화를 추구하는 즉흥시를 여러 차례 시도했다.

경제학자 게젤은 시간이 흐를 때마다 일정한 비율로 돈의 가치를 깎자고 주장했다. 마이너스 이자로 교환기능을 극대화하자는 소리다. 즉 한번 돈이 발행되고 나면 그 돈은 점점 늙는다. 시간이 흐르면 결국 이 돈은 '죽는다.' 그래서 돈을 쌓아두고 물려줄 수 없다. 써야만 한다. 죽어가는 돈이 이 세상에 실물로 다시 태어나는 것이다. 실제로 그런

화폐를 만들어 실험한 도시들이 적잖이 있었고, 그 도시들의 살림살이는 대폭 나아졌다.

사실 게젤의 이런 생각은 아르헨티나에 거주하면서 경제위기를 몸소 겪은 덕이다. 처음에 인용했던 윌리엄스의 시 「내리막」은 이렇게 마무리된다.

절망으로 가득하고
　　이룬 것 없는
　　　　내리막에서
새로운 깨달음이 온다
　　　　그것은 절망의
역전
　　이룰 수 없는 것, 사랑받지 못한 것
　　기대 속에 놓쳤던 것을 위해
　　　　내리막이 뒤따른다
끝도 없이 멈출 수도 없이

그렇다. 끝도 없이 뒤따르는 그 내리막에서 바로 깨달음이 온다.

화폐가 아닌 '가상화폐 거래소'로 인해 불었던 2018~19년의 투기광풍을 교훈 삼아, 가상화폐의 장점만을 취해 지역화폐를 발행하자는 목소리도 정확히 그런 예로 꼽을 수 있겠다. 서울의 노원구과 경기도는 이미 지역화폐를 발행했다고 한다. 물론 그 지역화폐도 게젤과 윌리엄스의 '죽을수록 태어나는 순환의 역설'을 제대로 반영해야 한다. 그래야 돈다운 돈이 될 테니.

질비오 게젤 Silvio Gesell

1862~1930. 독일의 이론경제학자. 현실에서는 상인이면서 사회운동가로 적극적으로 활동했다. 헨리 조지에게서 영향을 받은 그가 제안한 것은 자유로운 돈. '자연스러운 경제질서'라는 이름을 표방한 자유경제 Freiwirtschaft 단체를 조직했는데, 지금의 그 '자유경제'와는 의미가 다르다. 그에게 돈은 고정량이고, 땅은 그 자체로 자유로워 개인소유물이 아니며, 물물교환은 담이 없어야 한다. 『자유국가와 자유화폐를 통한 자연스런 경제질서』 *Die natürliche Wirtschaftsordnung durch Freiland und Freigeld* 등의 저서를 남겼다.

윌리엄 카를로스 윌리엄스 William Carlos Williams

1883~1963. 푸에르토리코 출신의 미국 시인이자 의사. 이미지즘이 돋보이는 시를 썼다. 『패터슨』 *Paterson* 이 그의 대표 시집이다. 그의 시를 좋아하는 트럭운전사의 이야기를 담은 영화 「패터슨」이 나오기도 했다.

낮은 곳을 바라보는 따뜻한 시선

스털링 브라운과 군나르 뮈르달

시대는 사람을 만든다. 사람도 그 시대를 만든다. 그런데 역사는 우리에게 이렇게 말한다. 이 둘이 만나는 지점에는 늘 '변화'가 있다고.

1930~40년대는 수많은 변화가 있던 시대다. 공산주의는 물론이거니와 혼합경제·계획경제까지 반대했던 프리드리히 하이예크Friedrich Hayek는 바로 그 시대의 사람으로, 신자유주의의 뿌리가 되었다. 그는 1974년 노벨경제학상을 받았

다. 경제·사회·제도 '분석'과 경기변동에 대한 연구가 선정 사유였다. 노벨상은 종종 여러 명에게 동시에 수여되는데, 특히 경제학상은 서로 반대되는 가치나 철학적 입장을 견지하는 이들을 함께 수상자로 선정하기도 한다. 1974년의 노벨상이 바로 그랬다. 그해 공동 수상자로 하이예크와 정반대의 활동을 했던 스웨덴의 경제학자 군나르 뮈르달 Gunnar Myrdal 을 선정한 것이다.

뮈르달은 자유주의를 옹호했던 하이예크와 달리 경제·사회·제도 현상을 '분석'한 뒤 국가의 적극적인 역할을 강조했다. 사회에 필연적으로 내재된 불평등과 경제적 불균형을 지속적으로 관찰했고, 이를 해소하기 위해 국가와 정부의 개입을 지지한 것이다. 그는 학자로만 머물지 않고 현실에도 적극적으로 참여했다. 사회민주주의자로서 의회에서도 활동했고, 무역부 장관과 유엔의 유럽경제위원회 간사로도 활동했다. 그의 이론은 북유럽 복지모형의 기초로 평가받는 한편 근래 회자되는 장하준 교수에게 많은 영향을 끼친 것으로도 잘 알려져 있다.

그는 1930년대 학계에 데뷔하였고, 화폐와 관련된 여러 경제현상을 연구하여 『화폐균형론』 등의 저술을 남겼다.

그런데 경제학계가 그를 주목한 것은 그의 '누적과정' 이론 때문이다. 시장자본주의에서는 빈곤이 더 큰 빈곤을 낳아 부유한 나라와 가난한 나라의 격차는 점점 벌어질 수밖에 없다는 명제다. 자본주의에 안전망과 조정장치가 없다면 불평등은 점점 더 커진다는 논리로, 소득과 자산의 불평등하고 불공정한 분배가 문제인 지금 우리에게도 큰 의미가 있다.

발전경제학의 근간이 되는 이 이론을, 그는 역작『미국의 딜레마』*An American Dilemma*에서 강렬하게 제시했다. '흑인문제와 현대 민주주의'라는 부제가 달린 이 책을 쓰던 1930년대 말에서 40년대 초 뮈르달은 미국에서 지냈다. 이 시절 그의 곁에는 한 흑인 시인이 있었다.

시인 스털링 브라운Sterling A. Brown은 뮈르달 부부와 무척 가깝게 지냈다. 뮈르달은 브라운의 시를 좋아했고, 더불어 블루스를 즐겼다. 미국 남부 아프리카계 흑인들의 노래인 블루스는 억압받던 이들에게 중요한 영적 자산이었고, 시인들은 이를 활용하여 자신들의 시 세계를 확장했다.『미국의 딜레마』가 쓰이던 때, 두 사람의 우정을 다리로 삼아 미국 흑인들 삶 깊은 곳에 자리한 미묘한 정서가 뮈르달에게 전해졌다.

시인 브라운은 워싱턴 D.C.에서 태어났다. 지금도 그렇지만 그곳에는 적잖은 흑인들이 살고 있었는데, 그의 가족은 비교적 중산층이었다. 대학에서 자리를 잡아가면서 그의 관심은 흑인들의 삶과 고통으로 향했다. 첫 시집 『남쪽 길』*Southern Road*에서 그는 가슴 저미는 흑인 고유의 노랫말들을 많이 활용했다. 「늙은이 렘」*Old Lem*은 스털링 브라운의 잘 알려진 시다. 이 시에서 인용된 늙은 렘은 이렇게 말한다.

> 그들은 면화를 실어가고
> 옥수수는 창고에 넣어버렸어.
> (…)
> 우리는 감사하다고 말해야 했어.
> 당하면서도 말이야.

늙은 렘은 그래도 덤비지 않았다. 왜냐하면 백인들이 어떠했는지 늙은 렘은 잘 알기 때문이었다.

> 그들은 혼자 덤비지 않아.

돌씩 덤비는 것도 아니라
한번에 열씩 달려들거든.

이 시에서 브라운은 흑인들의 굴곡진 사회·정치적 감정을 드러내며, 끝없이 돌고 도는 핍진한 삶을 묘파하고 있다. 시대의 아픔은 브라운이라는 시인을 만나 울려퍼졌다.

'개천에서 용 나기 힘들다.' 이 말은 이제 점점 현실로 굳어지며 새로운 격언이 된 것 같다. 대학입학 통계, 증여 재산, 소득 변화, 직업군 대물림 등 여러 분야의 사회학 연구들이 이를 방증하고 있다. 이들 연구의 시작점이 된, 가난함은 되풀이된다는 '누적과정'은 시인과 경제학자가 공유하고 있던 어떤 '눈' 덕분에 세상에 드러난 이치일 것이다. 그 '눈'은 바로 낮은 세상에서 살아가며 키 작은 채송화 같은 꽃들을 바라보는 용기와 상상력에서 비롯되었을 것이라고, 우리는 그렇게 믿는다.

군나르 뮈르달 Karl Gunnar Myrdal
1898~1987. 스웨덴의 현대경제학자. 경제란 균형점에 멈춰 있지 않고 계속 변화한다는 점을 강조하며, 세계의 경제발전에 있어 평등의 문제를 천착했다. 여러 원인들이 누적되어 불평등을 낳는다고 보았기에 정부의 적극적 개입을 강조했다. 하이에크와 함께 노벨경제학상을 수상했으며, 아내 알바 뮈르달은 스웨덴 정부의 핵보유 의지 포기선언에 기여한 공로로 1982년 노벨평화상을 받았다. 주요 저서로 『미국의 딜레마』An American Dilemma 등이 있다.

스털링 브라운 Sterling A. Brown
1901~1989. 미국의 시인이자 비평가. 아버지가 교수로 있던 하워드대학 캠퍼스에서 태어나 미국 남부의 흑인문화 연구로 본인도 같은 대학의 교수가 되었다. 주요 시집으로 『남쪽 길』Southern Road 등이 있다.

세속에서 벗어나 민중의 삶을 살피다

성호 이익과 혜환 이용휴

역사는 끊임없이 돌고 돈다고 했다. 설령 과거가 똑같이 거듭되지는 않더라도 그 운율만은 반드시 반복되고 있다고 마크 트웨인은 말했다. 운율은 반복되는 소리의 길고 짧음이나 높고 낮음으로 드러나는 질서 있는 흐름이다.

17세기 후반 조선은 내부정치의 모순과 숱한 권력투쟁으로 그 기운이 쇠하고 있었다. 임진왜란·병자호란 같은 주변국과의 전쟁, 그리고 수평적이지 않게 지속된 국제관계로 국력은 약해져갔다. 학문적 서열과 학파로만 묶인 붕당을 기초로 한 정치체제가 권력추구만을 위한 당쟁으로 변질되면서 국기는 문란해졌고 국고도 바닥났다. 빈민구제 방안으로 보릿고개에 곡식을 빌려주고 추수할 때 돌려받는 환곡제도는 모자란 세금을 충당하려는(?) 지방관청과 나라의 대민對民 고리대금사업이 되어버렸다. 군역 대신 세금을 내도록 한 영조의 군포제는 정책으로서의 실효성을 잃었고, 군역 기피는 늘어만갔다. 집이 없어 자진해서 노비가 되는 사람들도 늘었다. 지방세력가와 양반들이 가진 땅은 비등록 토지가 되면서 세금도 부과받지 않았다.

조선에도 '경제학'은 존재했을 것이다. 영국의 경제학자 알프레드 마셜Alfred Marshall의 말마따나 '사람의 일상을 연구하는 학문'이 곧 경제학이기 때문이다. 그러나 지금과 같이 체계적으로 짜인 학문이 아니라 응용경제학 교과서에서처럼 나라의 자원을 가장 효과적으로 배분하는 도구로서의 성격이 강했을 것이다.

당대의 경제학자로 떠올릴 수 있는 사람이 여럿 있지만, 성호 이익李瀷을 빼놓을 수 없겠다. 조선 후기의 실학자인 그는 이론체계가 탄탄한 경제학자였다. 이익은 경제적으로 어려웠던, 그러니까 마셜의 지적대로 사람들이 살아가기 힘들었던 시기에 속한 학자로, 주변 백성들과 조화롭게 어울려가며 경제정책들을 제언했다. 당쟁으로 몰락한 그는 학문에만 뜻을 두고 실학과 경제학을 완성해나갔다.

『성호사설』은 중농주의자인 이익의 경제학원론인 셈이다. 그는 조선 후기의 토지와 관련된 고리대금이나 소작농 착취와 같은 문제를 정확히 파악했다. 특히 고향인 경기도 안산에 거하며 농촌이 어떻게 무너지는지를 눈으로 보았고 몸으로 느꼈다. 생산요소로서뿐 아니라 체제 유지의 조건으로서 땅의 중요성을 이해했고, 토지개혁을 통한 무상 분배를 제안했다. 그 결과 개혁적 토지제도인 한전론限田論을 제안하여 백성에게 삶을 유지할 수 있도록 '일정한' 양의 토지인 영업전永業田을 모두에게 나누어주어야 한다고 주장하며 토지 소유 및 거래의 상한을 두어 점진적 분배를 유도하기도 했다.

자본이 가지는 자기증식적인 면을 지적하며 그 대안으로 화폐무용론도 펼쳤다. 이 점은 일상-시장-자본주의로 사회를 고찰한 프랑스의 저명한 역사학자인 페르낭 브로델Fernand Braudel의 시각에 맞닿아 있다. 오랫동안 이어져온

민중의 삶이 맨 위층의 자본주의에 의해 지배당할 수 있는
폐해를 정확히 지적한 것이다. 화폐와 그 유통에 비관적이
었던 그가 근검을 강조한 것은 당연한 결론일 것이다.

> 몸뚱이 피와 살로 이뤄졌으니
> 누군들 고통이 두렵잖으랴
> 나는 병이 들어도 침 맞기 꺼리면서
> 사람을 곤장칠 때 숫자를 더할 손가
>
> 일찍이 그대의 자식 기름을 보면
> 배불리 먹이고도 주릴까 근심했지
> 진실로 이 마음을 미루어 행한다면
> 연강 고을 자연스레 다스려지리.
> ─「정鄭 군수가 연강에 부임하는 것을 전송하며」 부분
>
> 『혜환 이용휴 시전집』, 소명 2002）

다른 지방의 관직에 부임하는 벗에게 정치를 바르게 행하
길 바라는 마음으로 이 시를 쓴 사람은 혜환 이용휴李用休다.
연암 박지원과 비견될 정도로 유명한 시인이자 문인이었던

혜환은 이익의 조카이기도 하지만, 첫 손에 꼽는 그의 제자이기도 했다. 그 역시 스승을 좇아 관직에 뜻을 두기보다는 세속에서 벗어나 학문에 진력했다. 생활수준이 낮은 거지와 같은 인물의 입장에서 쓴 소설은 잘 알려져 있다.

여러 문학평론가들은 혜환을 당대에 가장 참신하고 기발한 시인으로 평한다. 특히 시의 본령인 파격의 시인이자, 또 '지금과 여기'를 읊은 시인으로도 유명하다. "이 방안에서 몸을 돌리면 방위와 명암이 바뀐다네 / 구도란 생각을 바꾸는 것이네"(『낭송 18세기 소품문』)라는 글귀는 그의 깊이를 짐작게 한다.

이들 시인과 경제학자 사제지간은 흡사 영국 경제학계 '케인스 학파'에서 어떤 시인이 갑자기 불쑥 튀어나온 듯한 느낌을 준다. 이 놀라운 변주는 성호와 혜환을 포함한 그들 '학파'가 민중과 함께 호흡하며 공부한 덕에 생긴 당연한 선율이라 할 수밖에 없다.

이익 星湖 李瀷

1681~1764. 조선 후기의 철학자이자 실학자. 근대 경제학의 틀을 마련한 조선의 실학자로서 경자유전(耕者有田)을 강조하며, 한전법(限田法)으로 대표되는 '기본자본제'의 개념을 마련했다. 대출에 기반한 경제순환을 경계하여 화폐보다는 실물경제로서 농업을 더 중요하게 여겼다. 일제강점기에서 벗어난 새로운 한국의 토지개혁의 근간이 되기도 했다. 주요 저서로 『성호사설』(星湖僿說) 등이 있다.

이용휴 惠寰 李用休

1708~1782. 조선 후기의 문인이다. 이익의 조카요, 이가환의 아버지이다. 글로 이름이 높아 영·정조시대를 통해 박지원과 함께 문단의 대표적 인물이었으며 사실적인 경향의 시와 하층민의 이야기를 주로 썼다. 주요 작품으로 『혜환시초』(惠寰詩抄) 등이 있다.

빈곤과 실업의 안타까움을 공유하다

조앤 로빈슨과 어니스트 알투니언

대통령 선거 때마다 각 후보들은 사회를 안정시키고, 불평등을 해소하며, 나아가 경제를 성장시키기 위한 다양한 해법을 고안하여 내놓고 있다. 다수의 경제학자들이 선거캠프에 자리잡고 비전을 제시하며 여러 정책들을 설계하는데, 특히 그 중심에 자리한 주제들은 대개 불평등 해소와 매우 관련이 깊다.

1971년 전미경제학회에서 경제학자 조앤 로빈슨Joan V.

Robinson 은 "생산에 기여한 만큼만 그 보수를 받는다"는 한계생산성 이론을 강하게 비판했다. 그러니까 "그대의 보수가 적은 것은 그만큼 덜 '기여'했기 때문"이라는 생각에 제대로 어깃장을 놓은 것이다.

케인스의 제자였던 로빈슨은, 이론으로서 경제학은 여러 처방전을 그냥 얼기설기 묶어둔 것이 아니라 논리적인 분석도구들을 모아서 만들어낸 종합공구라고 정의한 바 있다. 곧 이런 도구들이 모여서 유기적으로 작동하는 큰 실험장비가 된다고 했다. 이 장비는 교육정책이든 조세정책이든 여러 정책을 그 안에 넣어보고 결과를 살펴볼 수 있는 장치이기도 하다. 그래서 개개 분석도구가 지닌 논리적 '가정'과 사회적 '시각'이 당장의 처방보다 훨씬 더 중요하다고 믿었다.

그런 까닭으로 로빈슨은 저 유명한 '케임브리지 논쟁'을 이끌었다. 로빈슨을 위시한 영국 케임브리지 학자들과 미국 케임브리지의 하버드대학 경제학자들 사이에 벌어졌던 자본에 대한 논쟁 말이다. 서로 다른 종류의 자본을 어떻게 하나로 묶어 생각할 수 있는가 하는 점이 핵심이었다. 각기 다른 이윤을 내는 자본들의 가치를 단일한 기준인 '가격'

으로 일원화해서 해석할 수 없다고 로빈슨은 일갈했다. 또 한계생산력에 바탕을 두고 자본의 가격(이자율)을 매기는 일이 어떻게 가능하냐고 반문했다.

좋은 가문에서 태어난 그녀는 소녀 시절부터 수필을 쓰고 시를 여럿 발표했다. 그러나 자기 사회의 오점인 빈곤과 실업이 해결돼야 한다는 압박 아래 자랐고, 그래서 경제학자가 되었다. 여성에 대한 차별에서 자유롭지 못한 그 시절 영국에서 학자로서 자신감을 얻지 못할 수밖에 없었고, 그대로 결혼하여 잠시 인도에서 살았다. 그러나 침잠했던 고요의 그 시간이 그녀에게는 오히려 학문적으로 성숙할 수 있는 토양이 됐다.

1936년 로빈슨은 친구의 소개로 시인이자 의사인 어니스트 알투니언Ernest H. R. Altounyan을 만났다. 그는 아르메니아계로 시리아 알레포에서 태어났지만, 영국에서 자랐다. 영화「아라비아의 로렌스」의 실제 인물로 유명한 토머스 로렌스와 교분이 깊었던 알투니언은 꽤 낭만적인 사람이었다. 그가 로렌스의 죽음을 애도하며 낸 『명예의 장식물』Ornament of Honour이라는 시집은 잘 알려져 있다.

당신은 마침내 웃는군요.

우리 말하지 말고 보아요.

상실의 공허를 뚫고 서로의 얼굴을.

모든 것이 찌꺼기인 줄 알고

자족하는 영혼과 꿈을 모아둡시다.

—「서곡」부분

　비록 평단의 좋은 호응을 얻지는 못했지만, 시에 대한 알투니언의 열정은 무척 뜨거웠다. 그는 더 넓은 세상을 보려고 발닿는 대로 여기저기를 돌아다녔다.

　두 사람은 처음의 만남을 가진 뒤로 여러 방면에서 서로의 시간을 공유했다. 로빈슨은 그의 시집이 출간되도록 힘써주었고 거의 매주 편지를 나누었다. "당신은 나를 취하게 한다"고 시작하는 시인의 몇몇 편지들은 서로를 향한 마음을 잘 드러낸다. 또한 둘의 관계가 경제학자로서의 로빈슨의 시각을 새롭게 했다. 알투니언은 특히 삶의 고뇌와 병원 주변의 여러 죽음과 절망적 상황에 대해 토로했고, 그녀는 이에 깊이 공감하고 촘촘히 반응했다. 경제학자는 시인의 시들을 교정해주면서 더욱더 가까워졌다. 그러면서 개인의 삶과 사회 변화에 소녀 시절의 그 섬세한 깃을 벼리게 됐다.

이런 연유들로 경제학자는 자녀들에게 소홀했다고 알려져 있지만, 여러 기록은 그렇지 않았음을 보여준다. 실제로 이성으로서 둘의 불안한 관계는 오래 지속되지 않았다. 다만, 한때의 일탈로 무단횡단처럼 짜릿하면서도 위험한 서로의 관계를 겪으면서 둘은 공감의 다독임과 수축된 긴장감을 얻지 않았을까? 마치 팽팽히 당겨진 실이 새로운 소리를 내듯, 두 사람 사이의 시적 긴장poetic tension은 둘 모두에게 새로운 생각을 길어내는 영감의 원천이 되었다.

조앤 로빈슨 Joan V. Robinson
1903~1983. 영국 케임브리지대학 최초의 여성 경제학자로, 영국 케임브리지-미국 케임브리지 사이에 벌어진 자본 논쟁의 주요 참여자다. 같은 생산성을 가진 남성 노동자와 여성 노동자 사이에 발생하는 임금 격차를 구매자독점 이론으로 설명했다. 시장에서 구매자와 판매자가 같은 입장일수 없다고 일갈하며 노동시장을 그 예로 들고 '차별'이란 용어를 도입했다. 주요 저서로 『불완전한 경쟁의 경제학』*The Economics of Imperfect Competition* 등이 있다.

어니스트 알투니언 Ernest H. R. Altounyan
1889~1962. 미국의 시인. 영화 「아라비아의 로렌스」의 실제 모델이었던 토머스 로렌스의 절친한 친구다. 친구 로렌스가 죽자 그의 삶과 죽음을 다룬 시집 『명예의 장식물』*Ornament of Honour*을 발간하였다.

가난 해결 강조한 '도덕적 마르크스주의자'

가와카미 하지메

2016년 8월 현대미술의 보고인 파리 퐁피두센터에서 '비트세대'[Beat Generation]라는 특별전이 열렸다. 비트세대는 2차세계대전 후 미국문화의 한 축으로, 기성 질서를 거부하고 자유와 박애를 주창한 청년들을 일컫는다. 1950~60년대 초 문화를 주도한 이들은 반[反]베트남전 성향과 히피문화를 바탕에 두었다. 여기서 비트[beat]는 '빈털터리인' '가난한'이라는 뜻을 담고 있는데 청년들은 스스로를 그렇게 부름으로써 머릿속 생각을 검증하겠다는 매카시즘이나, 동성애자 혐오, 소비에만 기초한 불평등한 발전 등에 저항했다. 이는 가난하거나 버려진 사람들의 아픔을 함께하겠다는 뜻이고, '강제된 가난'에 '자발적 가난'으로 맞서겠다는 의지의 표현인 것이다.

어느 나라나 구걸하는 거지는 있다. 빈곤한 사람들도 많지만 부자들의 수도 엄청나다. 이를 연구하는 경제학자들마다 자기가 속한 나라에서 저마다 다른 목소리를 낸다. 전 세계적 차원에서도 가난과 불평등에 맑은 렌즈를 들이대고 일관되게 연구해온 학자들이 적지 않다. 근래 자주 들리는 이름으로 프랑스의 토마 피케티와 이매뉴얼 사에즈, 영국의 앤서니 앳킨슨, 미국의 마틴 라발리온, 조지프 스티글리츠 등을 꼽을 수 있겠다.

놀라운 것은 이 분야에 탁월한 일본 경제학자들이 적잖다는 점이다. 자포네제japonaise*라는 이름이 시사하듯 그들에겐 서구에 인상적으로 영향을 준 근대의 시간과 경험들이 있었다. 그래서 학문(특히 경제학)에서도 자신만의 목소리를 낼 수 있는 자신감을 가졌을 것이다. (실제로 일본의

---

* 불어에서 '일본'의 형용사형으로 보통 서구에서 일본풍을 가리키는 말로 사용된다.

많은 경제학자들은 자국의 고유한 입장과 시각을 잃지 않으면서 학자로 길러지는데, 이 덕분에 '일은포사건'*에서 보듯 일본은 미국·영국으로 대표되는 서구의 금융공격에 무척 잘 대응할 수 있었다.)

대표적인 학자로 마르크스주의자는 아니지만 고故 김수행 교수에게 공부를 권했던 미치오 모리시마, 얼마 전 세상을 뜬 우자와 히로후미, 전쟁 전 교토대학의 중심이었던 가와카미 하지메 같은 이들을 들 수 있다. 셋 다 주류경제학(고전파·수리경제학)으로 연구를 시작했지만, 오랜 시간이 지나 우자와는 생태경제학을, 가와카미는 마르크스주의와 불평등경제학을 천착했다.

1879년에 태어나 전전前戰시대를 연구했던 가와카미 하지메河上肇는 사실 시인이었다. 또한 그는 우리에게 냉철한 사회비평가이자 따뜻한 학자로 기억된다. 경제학자로서 그는 '강제된 가난'은 '자발적 가난'과 명백히 다르며, 사회는 이를 해결해야 한다고 주장했다. 나아가 왜 개인만을 최선으로 여기는 사회관념들이 가난의 사회문제를 구제할

---

* 2003년 이라크전쟁으로 달러가 불안정해지면서 해지펀드 계가 엔화에 주목하기 시작하자 2004년 3월까지 일본 정부가 엔화 강세를 막기 위해 외환시장에 대규모 개입을 감행한 사건.

수 없는지도 치밀하게 논증했다.

그의 『가난이야기』^{貧乏物語}는 짧지만 울림이 큰 글들로, 이런 생각을 요연하게 정리했다. 그는 현재의—당시라면 1910년대를 말하지만—경제체제가 유지되는 한 익명의 사람들에게 가난은 강제될 수밖에 없다고 단언했다. 기본소득과 비슷한 방법으로 소득격차의 해소를 모색했으며, 공공재산업에 대한 국가의 개입을 주장했다. 애덤 스미스의 초상을 책머리에 실어 그 뿌리가 경제학에 있다고 말했다. 그러나 그 체제에서 국가의 적절한 개입만으로는 가난을 해결할 수 없다고 믿었고, 오히려 사람들의 태도와 마음이 중요하다고 일갈했다. 사치스런 생활을 금하자고 주장한 것도 같은 맥락인데, 이로 인해 '도덕적 마르크스주의자'라는 이름을 얻었다.

시인으로서도 이런 성정은 잘 드러난다. 그는 김종삼 시인처럼 키 작은 채송화를 소중하게 바라본다. 가와카미의 「된장」이라는 시는 꾸밈이 없다. 그리고 단정하다.

가게 여주인이 내게 준
정량의 두 배나 되는 된장을 들고 꽃집에 들러

흰 국화 한 송이를 뽑아든다.

돌아가 아주 적은 설탕만으로

고구마를 삶아 먹으며

오늘 저녁밥을 끝으로

청빈한 나를 돌아보고

여생을 이렇게 기뻐한다.

—「된장」전문

시인, 그리고 경제학자는 사람에 대한 관심 없이는 무엇
도 쓸 수 없다. 이들은 다른 이들의 삶에 공감을 디딜 때라
야만 존재할 수 있다. 가와카미처럼 낮은 삶을 들을 수 있
는 시인이면서 냉철하게 사회를 비판하는 경제학자가 있
다면, '나라님도 도리 없다'던 그 가난을 해결할 방법을(가
령 기본소득 같은) 찾을 수 있을 것이라 믿는다.

가와카미 하지메 河上肇
1879~1946. 일본 마르크스주의 경제학의 선구자로 손꼽힌다. 시인이면서 경제학자로서 일본 경제학계가 가지는 독특한 성격을 '문학과 경제학'에 기대어 구축한 것으로 유명하다. 교토대학교 교수로 재임하면서 주류와 비주류 모두를 아우르는 폭넓은 경제학 연구에 매진했다. 주요 저서로 『가난이야기』(貧乏物语)가 있다.

가난을 구원하는 힘은 바로 '사랑'

아마르티아 센과 라빈드라나트 타고르

행복하게 사는 것은 역시나 많은 사람들이 바라는 일일 테다. 나무를 베는 대신 숲을 가꾸는 것이 훨씬 중요하다고 결정한 부탄에서는 호랑이 개체수가 점점 늘고 있다. 부탄이 국내총생산^{GDP} 대신 국민행복지수^{GNH}를 지표로 통치하고 이를 경제활동 기준으로 삼는 까닭이다. 영국의 신경제재단$^{New Economic Foundation}$은 이러한 부탄을 가장 행복한 나라라고 평했다. 그래서일까? 심지어 프랑스 극우파 대통령이었던 니콜라 사르코지조차도(!) 집권할 때 국민의 행복을 개선하기 위해 이를 잘 드러내는 새로운 지표를 개발코자 했다. '혁명적'인 일로 보도된 이 지표개발 연구를 세계적인 경제학자들이 주도했다. 조지프 스티글리츠, 장-폴 피투시, 그리고 아마르티아 센 등이 그들이다.

이들 중에서 주목할 만한 경제학자인 아마르티아 센 Amartya K. Sen은 1998년에 노벨경제학상을 수상한 인도인이다. 동양 사람으로는 최초였으며 단일 수상자였는데, 후생 경제학에 기여한 공로로 선정되었다. 기근을 파고들어, 투자된 자본에만 기초해서 자원이 불평등하게 분배되는 현상과 도시의 성장으로 물가가 급격하게 상승되는 상황을 그 원인으로 지목했다.

기존의 지표들을 다시 짜서 '센 지수' Sen index라는 빈곤지수를 제안하고 가난한 사람들 사이의 부와 자산 분포뿐 아니라 그들이 얼마나 빈곤한지까지 측정토록 했다. 센은 '능력' capability의 개념을 도입하는데, 여기에는 윤리적 의미가 담겨 있다. 즉 특정 '기능'을 선택하지 못하게끔 하는 장벽이 사라져야 한다고 말한 것이다. 이렇게 새로운 지표를 개발함으로써 효율에만 방점을 두는 경제학의 윤리적 한계를 극복할 수 있었다. 그 바탕은 기근과 불평등에 대한 그의 오랜 관심 덕일 것이다.

한 개인의 삶의 철학과 방향은 대개 꿈 많은 유년기에 얻는 주변 사람의 가르침과 이끎에 따라 크게 달라진다. 불행의 끝에서 새로운 방향을 모색하기도 하고, 주변 사람들에게서 긍정적인 영향을 받아 그들과 비슷한 철학을 갖기도 한다. 안서 김억과 소월 김정식, 다석 유영모와 함석헌의 경우처럼 말이다. 센도 마찬가지다. 그는 유년 시절을 벵골에서 보내며 가난을 온몸으로 뼈저리게 경험하면서도, 부모의 관계망 안에서 만난 어떤 시인의 영향을 깊이 받았다. 만해 한용운이 영향을 받았고, 여전히 우리에게 '동방의 등불'로 기억되는 인도 시인 라빈드라나트 타고르[Rabindranath Tagore]가 바로 그 사람이다.

타고르도 센처럼 동양인 최초로 문학에서 노벨상을 받은 인물로 '신에게 바치는 송가'라는 뜻의 『기탄잘리』가 그의 대표작이다. 인간과 신의 하나됨을 묘파한 이 시에서 타고르는 인격의 신을 노래했고, 현실에서 보여지는 사랑으로 세상을 구원하기를 바랐다.

본래 벵골어로 쓰인 『기탄잘리』(박희진 옮김, 현암사 2002)의

마지막 부분에서 그는 이렇게 기도한다.

오직 일심으로 님께 귀명하옵나니, 낮이나 밤이나 고향이 그리워 산 속의 옛 둥지에로 날아 돌아가는 학의 떼처럼 나의 온 생명으로 하여금 그 영원한 안식처에의 항로를 취하게 하옵소서.

―「103」부분

그러한 기도 속에서 타고르는 비로소 떠날 수 있었다.

여기 내 문의 열쇠를 돌려드립니다―나는 내 집에 대한 일체의 권리를 포기합니다.

나는 다만 당신들한테서 최후의 친절한 말을 듣기를 원합니다.

우리는 오랫동안 이웃이었습니다. 그러나 나는 내가 줄 수 있었던 것보다도 더 많은 것을 받았던 것입니다. 이제 날은 밝았고 내 어두운 구석을 비추었던 등불은 꺼졌어요. 부르심이 왔습니다. 나는 길을 떠날 준비가 돼 있어요.

―「93」부분

『기탄잘리』는 그가 학교를 세우고 운영하던 경험을 바탕으로 씌어졌다. 타고르가 세운 이 학교에 센이 다녔고, 그는 바로 이곳에서 인권과 빈곤을 배웠다. 1941년 타고르는 세상을 떴고, 센은 1933년 태어났으니 유소년기에 직간접적으로 여러 영향을 받았을 터다. 도산 안창호와 남강 이승훈이 길러낸 수많은 민족주의의 제자들처럼 말이다.

부르는 대로 살아간다고 했던가? 그래서 한 사람의 삶에 이름만큼 중요한 게 없다고 했다. '불멸'을 뜻하는 센의 이름, 아마르티아를 지어준 사람이 바로 타고르다.

시도, 경제학도 모두 '꿈'을 꿀 수 있어야 한다. 타고르의 노벨상 누리집은 센의 글을 인용하고 있다. 여기에서 센은 앞서 말한 꿈과 같은 타고르의 이상적인 세상을 말하는데, 센의 경제학적 지향이 윤리와 맞닿아 있음을 다시 한번 알게 된다. 빈곤은 가치있는 삶을 택할 수 있는 '능력'이 모자란 것이다. 그래서 비단 평등 문제만이 아니라 자유의 문제를 고민하고 해결해야 한다고 그는 말한다. 센이 철학교수를 겸하는 것도 같은 맥락일 것이다.

아마르티아 센 Amartya K. Sen
1933~. 아시아계 최초로 노벨경제학상을 수상했다, 빈곤을 계량화할 수 있는 센 지수(빈곤지수)를 고안했다. UN에서 발표하는 인간개발지수에는 그의 '능력' 개념이 들어가 있다. 2019년 런던경제학교LSE에서는 불평등 연구 분야에 그의 이름을 딴 '센 석좌교수'직을 새로 만들었다. 주요 저서로 『정의의 아이디어』*The Idea of Justice* 등이 있다.

라빈드라나트 타고르 Rabindranath Tagore
1861~1941. 인도 콜카타에서 태어나 런던대학교에 유학하여, 법학과 문학을 전공하였다. 『기탄잘리』를 발표하여 세계적 주목을 받았고 1913년 아시아인으로 처음 노벨문학상을 수상했다.

부의 불평등에 주목하여
'올바른 경제학'을 주창하다

에즈라 파운드와 클리포드 더글러스

파리 교통공단은 2014년부터 매년 '그랑프리 포에지' ^{Grand} ^{prix poesie}라는 문화행사를 열고 있다. 접수된 시 가운데 선정된 수상작과 후보작들은 지하철 안에 걸려 출퇴근하는 시민들과 더불어 달리고 있다. 사람, 파리, 지하철. 이 세 조합은 문득 시 한 편을 떠올리게 한다.

군중 속에서 유령처럼 나타나는 이 얼굴들,

까맣게 젖은 나뭇가지 위의 꽃잎들.

에즈라 파운드Ezra Pound의 시 「지하철 정거장에서」 전문이다. 이 시는 그가 파리에서 지내던 1920년대 지하철에서 본 파리지앵의 인상을 그리고 있다. 각자의 행동을 따로 떼어 묘사하기보다 이들이 만들어내는 전체적인 느낌을 단 두 행에 담았다. 이미지주의를 대표하는 시인답게 일상어로 조각처럼 명징한 '언어경제'를 좇았다. 짧음 사이에 흐르는 긴 여운. 그러면서도 '얼굴들'의 삶을 꽃잎으로 묘사하며 따스한 눈으로 바라보고 있다.

에즈라 파운드는 아홉 개 언어를 구사했던 대단한 천재 시인으로 알려져 있다. 뿐만 아니라 시의 모더니즘 시대를 '파운드의 시대'로 일컬을 정도로 그의 영향력은 대단했다. 교분을 나눈 문학가들도 쟁쟁한 사람들로 헤밍웨이, 예이츠, 제임스 조이스, T.S. 엘리엇이 첫 손에 꼽힌다. 그런데 그는 문학 이외의 분야에서도 이름이 알려져 있다. 바로 사회학과 정치경제학이다. 그는 이런 분야에서 몇 권의 책을 쓰기도 했고, 사회운동에도 적극적으로 참여했다. 『경제학 기초』^{ABC of Economics}나 『돈은 왜 존재하는가?』^{What is money} ^{for?} 같은 책이 이러한 활동을 잘 드러낸다. 자본주의의 맹렬한 비판가로서, 2차 세계대전 중에는 심지어 반미 활동 혐의를 받을 정도였다.

경제 분야에서 그에게 영향을 끼친 사람은 영국 경제학자 클리포드 더글러스^{Clifford H. Douglas}다. 두 사람이 만난 것은 1918년의 런던. 파운드는 더글러스와 가깝게 지내면서 경제사에 큰 관심을 가지게 되었다. 파운드는 정부와 일반 대중이 돈이 돌아가는 현상을 제대로 이해하지 못하여 세계 경제가 심하게 왜곡된다고 믿었다. 1915년부터 쓰기 시작한 장시^{長詩}『칸토스』^{The Cantos}에도 이러한 영향이 잘 드러나 있다. 더글러스의 생각에 호응한 파운드는 사회의 핵심은 경제에 있다고 보았고 또 '올바른' 경제학은 당면한 여러 사회문제를 당연히 풀 수 있다고 믿었다.

더글러스는 적절하지 않은 분배 때문에 구매력이 떨어지고, 불황이 초래된다고 주장한 경제학자다. 이러한 논리를 바탕으로 사회신용의 개념을 창안하고, 요즘 활발히 논의되고 있는 기본소득을 제안하였다. 파운드와 마찬가지로 19세기 후반에 태어나 전쟁의 화마를 몸소 겪었으며, 금융

자본이 폭발적으로 성장하는 것을 두 눈으로 지켜보았다.

　문학계에서 주목받은 주류 시인 파운드와 달리 더글러스는 철저히 비주류 경제학자였다. 그러나 케인스가 그를 인용할 정도로, 그의 경제학적 사고와 처방은 매우 뛰어났다. 엔지니어였지만 공장의 회계를 감사하는 일을 맡았고, 그 기회에 노동자들의 생산과 소비 활동을 두루 들여다볼 수 있었다. 그 과정에서 노동자들이 받는 임금을 전부 합치더라도 사회에 유통되는 상품 전체를 구매할 수 없다는 사실을 발견했다. 이렇게 되면 사회와 경제는 균형을 잃는 것이 자연스러운 결과라고 생각했고, 그 처방으로 기본소득처럼 소득보장을 기초로 한 사회적 분배가 반드시 필요하다고 주장했다. 결국 그는 사회 전체에 가장 공정하고 효과적으로 부^富가 나누어지는 것이 옳은 일이라고 믿었다.

　이들 두 사람이 조우한 시기인 1920년대는, 토마 피케티가 『21세기 자본』에서도 논했듯 경제성장률이 비교적 상당히 높았던 시기다. 다시 말해, 일하던 사람 대부분이 다들 잘 벌었던 때다. 그럼에도 '불평등'에 주목할 수 있었던 것은 두 사람 모두가 공통적으로 지닌 섬세한 감각, 그러니까 인간의 미시적 삶에 대한 관찰력 덕분일 것이다.

'경제학은 여전히 철학을 필요로 한다.' 이 말은 윤리학을 연구하는 미국의 철학자 마사 누스바움[Martha Nussbaum]이 최근에 출판한 논문 제목이다. 경제학은 결국 사람 사는 과정과 방법에 대한 고민이고, 모두 다 잘 살아가기 위한 생각과 제언이다. 금융위기로 벌거벗겨진 자본주의 탐욕경제가 여전히 계속되는 지금, 시인의 경제학적 고민과 경제학자의 섬세한 관찰이 새삼 고맙다.

클리포드 더글러스 Clifford H. Douglas
1879~1952. 영국의 경제학자로서 원래는 공학을 전공했다. 오늘날 우리에게는 기본소득의 창시자로 알려져 있다. 그는 '국민배당'의 지급을 제안했고, '사회신용'을 창안했다. 주요 저서 『사회신용』Social Credit 을 통해 부채에 기초한 금융이 경제와 사회전반에 미치는 영향을 날카롭게 분석했다.

에즈라 파운드 Ezra Pound
1885~1972, 미국의 시인이자 비평가이다. T. S. 엘리어트와 함께 20세기 초반 모더니즘의 중심인물이었다. 이미지즘을 발전시켜 현대시에 크게 공헌했다. 주요 저서로 『칸토스』The Cantos 등이 있다.

'가지 않은 길'은 사회적 안전망의 다른 이름?

로버트 프로스트와 윌리엄 베버리지

기본소득을 중심으로 한 사회 변화 논의는 우리 시대의 화두가 되었다. 선거를 치를 때마다 출마자들이 내놓는 공약도 한몫하겠지만, 날로 심화되는 불평등 때문이기도 하다. 선택적 혹은 보편적 복지 논의부터 인공지능·4차산업 이후의 노동을 어떻게 정의할 것인가까지 그 분야도 다양하다. 물론 그런 논쟁 중에는 복지로 보아서는 안 되는 문제도 있다. 응당 '교육'의 관점에서 다뤄졌어야 하건만, 정치권에서 '복지' 프레임을 들이댄 탓에 꼬여버린 무상급식 같은 것이 그중 하나다. 사실 복지의 주된 관심사는 너무 큰 소득 불평등이고, 나아가 이는 사회안전망의 문제로 이어진다.

'요람에서 무덤까지.' 태어날 때부터 죽는 순간까지 삶을 보장하겠다는 의미의 구호다. 이 구호는 1942년 발표된 『베버리지 보고서』^{Beveridge Report}의 목표를 선명하게 압축해서 드러낸다. 이 보고서를 기초로 한 정책 공약으로 2차 세계대전 직후 영국 노동당은 총선에서 압승했고, 1951년까지 정부 정책의 근간으로 삼았다. 1948년에 만들어진 영국의 국가보건의료서비스^{NHS}도 오늘날까지 이어지고 있다.

급속히 발전해가는 영국 자본주의 사회 안에서, 이러한 사회적 안전망이 구축된 것은 한 경제학자의 부단한 노력 덕분이었다. 바로 윌리엄 베버리지^{William H. Beveridge}. 그는 두 차례 세계대전을 겪으며 진보적 관점을 견지하다가 전쟁 중 처칠 행정부에 들어가 앞서 말한 보고서를 썼다. 경제학자로서 그는 특히 소비와 투자를 늘리고자 했다. 그러니까 국가가 개인복지와 직업안정에 대한 재정적 부담을 져서, 시민은 '더 많이 사고' 기업은 '더 많이 투자하도록' 유도

할 요량이었다. 실제로 이 정책은 그 이후 국가가 성장하는 데 중요한 윤활유가 됐다.

인도 벵골에서 태어나 부유한 집안에서 자란 그는, 수학과 문학에 뛰어났는데 런던의 빈민가에서 복지사로 일하며 '빈민의 참상을 줄이기 위해' 경제학을 연구하겠노라고 다짐했다. 이후 학교로 자리를 옮겼지만, 결국 정부에 들어가 관료로 일했다. 20만부가 넘게 팔린 그의 『보고서』는 가난·질병·무지·실업·불결이라는 다섯 가지 사회문제를 해결하는 데 궁극적인 목적을 뒀고, '모두가 내고 모두가 받는다'는 간명한 구호를 내세워 사회문제 해결의 의지를 천명했다. 당시 사람들은 가난은 소득분배에 문제가 생긴 상태로, 자유시장은 이를 해결할 수 없다고 생각했다. 그리하여 베버리지는 삶의 '최저선'을 정의했고, 이를 바탕으로 보편적 보험의 도입을 주장했다.

미국의 시인 로버트 프로스트 Robert L. Frost는 20여 년의 가난을 뒤로 한 채, 1912년 영국으로 건너갔다. 거기서 그는 시를 썼다. 정치인 어니스트 가드너의 소개로 베버리지를 알게 됐고, 둘은 자주 만났다. 모더니즘 시인으로 분류되는 프로스트지만, 난해한 시를 쓰지는 않았다. 오히려 단순하고 소박한 어휘로 뉴잉글랜드 농촌의 삶을 그리곤 했다.

그는 「가지 않은 길」을 되돌아보며 한숨을 쉬면서도 자신의 선택에 자부심을 가지려고 스스로를 다독였다.

노란 숲속에 두 갈래길 있어

나의 몸은 하나이고

둘 다 갈 수는 없으므로 나는 오래 서서

수풀 속으로 구부러진 길을 끝간 데 없이 바라보았지.

(…)

그날 아침 두 길은 모두

사람들이 밟지 않은 검은 낙엽들로 덮여 있었지만,

오, 나는 첫번째 길을 다음 날을 위해 남겨두었네!

(…)

세월이 지나고 지나 어딘가에서

나는 한숨 지으며 이렇게 말하겠지.

숲속에 두 갈래길 있어

나는 사람들이 덜 밟은 길을 택하였고

그로 인해 모든 것은 달라졌노라고.

―「가지 않은 길」 부분

이 시는 프로스트가 1916년에 발표한 글이다. 이 시기에 베버리지와 프로스트는 문학적인 주제보다는 사회문제로 더 많이 토론했다. 이 시에서 어느 한 길을 택할 때의 '자부심'은, 그 길을 택해 걸어가다가 길을 잃더라도 어디선가 구출될 수 있다는 믿음이 없다면 차마 품기조차 힘들었을 게다. 말하자면, 어떤 길을 택해도 '괜찮다'는 뜻은 곧 어떤 선택을 해서 실패할지라도 사회적으로 재기할 수 있다는 사회적 안전망의 다른 이름이다.

사실 프로스트는 베버리지의 정치적 입장 전부를 지지하지는 않았다. 자신의 경제학적 견해와는 달리 아이러니하게도 베버리지에게는 스스로 우월하다는 믿음이 너무 강했고, 하여 우생학을 믿었다(!). 또 그는 1차 세계대전이 끝나고 기사작위도 받는다. 1950년대 후반 상원^{House of Lords}에서 시인 프로스트는 베버리지에게 "노쇠한 급진주의자가 대체 여기서 뭐하시는 거예요?"라고 비꼬며 이렇게 물었다. "혹시… 여길 날려버리시려고요?"

윌리엄 베버리지 William H, Beveridge
1879~1963. 『베버리지 보고서』*Beveridge Report* 의 저자로, 제2차 세계
대전 후 복지국가로서 영국의 청사진을 제시했다. 이 보고서에서 '요람에서
무덤까지'라는 말이 처음 등장했다. 런던경제학교 LSE 에 오래 재직했으며
왕립경제학회의 회장으로 현실 경제정책에 깊이 관여했다. 그는 건강보험·
연금제·실업수당 등을 구축했으며 세계적으로 중도 사회정책의 근간을 마
련했다.

로버트 프로스트 Robert L. Frost
1874~1963. 미국의 시인. 20세기 초 뉴잉글랜드 시골생활을 소재로 복잡한
사회-역사적 주제를 다루었다. 미국 시인 중 유일하게 퓰리처상을 네 차례나
수상했다. 주요 시집으로 『가지 않은 길』*The Road Not Taken* 등이 있다.

더 높은 이상과 성취감을 추구하는 '마음'

메리 앤 로스코와 윌리엄 스탠리 제본스

봄볕에 꽃이 흐드러진다. 기다려왔던 만큼 기쁨도 크다. 그
런데 벚꽃은 길어야 열흘이고, 목련은 활짝 피고나면 금세
져버려 아련한 기쁨이 더 크다. 우리는 마지막에 피는 꽃
한송이에 마음을 더 빼앗긴다.

사람 사회의 여러 현상을 설명하려는 경제학의 학문적
동기는 인간의 기쁨과 만족이다. 얼마나 만족하는가 하는
정도 혹은 얼마나 기뻐하는지를 숫자로 나타낸 그것이 바

로 효용이다. 애덤 스미스는 『국부론』에서 물과 다이아몬드를 예로 들어 효용에 깃든 역설을 소개했다. 다이아몬드가 더 비싼 것은 다이아몬드의 교환가치가 물의 사용가치보다 더 큰 탓이므로, 사용가치와 교환가치는 서로 아무 관계가 없다고 했다.

그런데 이후 활동한 경제학자들인 멩거, 왈라스, 그리고 제본스는 이 현상을 한계효용 하나로 치환하여 잘 설명했다. 한계효용은 어떤 물품을 구매할 때 마지막 한 단위 물품이 갖는 사용가치를 뜻한다. 이를 통해 두 상품의 효용을 단순비교하여 특정한 선택이 더 '나은지' 혹은 '못한지'를 평가할 수 있게 됐다. 현대 경제학의 뿌리는 바로 여기에 있다. 이전의 정치경제학과 분명히 구분되는 이때를 일컬어 '한계혁명'이라고 부르는 까닭이다.

윌리엄 스탠리 제본스[William Stanley Jevons]는 이 한계효용을 세상에 내놓은 경제학자다. 화폐수량설을 고안한 어빙 피셔는 그를 가리켜 경제학에 수학이 사용되기 시작한 새 시대를 연 인물이라고 평했다. 영국 리버풀에서 태어난 제본스는 정말 '르네상스형' 인간이었다. 그는 본래 식물학에 관심이 있었고, 화학도 공부했다. 그래서 호주에서 금속 분석가로 일하기도 했다. 영국으로 돌아온 후에는 도덕·윤리학에 관심을 두었다. 특히 기쁨과 고통이 사람의 행동을 지배한다는 공리주의를 받아들였다.

제본스의 스승은 논리학·집합으로 유명한 드 모르간(예전 고등학교 수학책 맨 앞에 나온 탓에 우리가 가장 많이 반복학습한 '집합론'의 바로 그 수학자)이다. 사람에 대한 관심과 논리학에 대한 이해, 그리고 자연과학에서 체득한 수리적 사고는 그가 한계효용이라는 개념을 만들고 사람을 '경제적'으로 분석하는 배경이 되기에 충분했다.

자연과학의 사고방식에 심취한 제본스는 '논리피아노'를 고안하기도 했다. 피아노의 키보드를 이용해 주어진 문장이 참인지 아닌지를 구분하게끔 하는 도구였다. 논리학에 근간을 두고 있지만 피아노와 음악에 대한 이해가 중요한 바탕이 되었다. 그런데 그가 이렇게 넓은 분야에 관심을 가질 수 있었던 까닭은 놀랍게도 한 시인 덕분이었다.

시인 메리 앤 로스코Mary Anne Roscoe는 학문과 예술에 조예가 깊은 사람이었다. 시학뿐 아니라 정치경제, 화학, 논리학 등 여러 분야에 관심이 깊었다. 그녀는 아버지가 '청년을 위한 시'를 쓰는 일을 도왔고, 시집 『성물』The Sacred

Offering 의 편집자로 여러 편의 시를 썼다.

그녀는 간절히, 아주 간절히 기도하는 시인이었다.

내 영혼아, 너는 혼자 가야 한다.

너는 혼자 가야 한다.

언젠가 죽을 것은 모르는

다른 세계, 다른 풍경으로

(…)

그의 지팡이는 너희를 위로하리라.

너희가 음울한 길을 건너

고요한 하늘의 집에서

거룩한 자들을 만날 때까지

—「내 영혼아, 너는 혼자 가야 한다」부분

경건을 구하는 그녀의 시들 대부분은 『소네트와 다른 시들, 주로 종교적인』에 실려 있다.

시인 로스코는 사실 다름 아닌 제본스의 어머니이다. 다방면에 걸친 제본스의 재능은 어머니로부터 물려받았다고들 한다. 그녀는 어린 제본스에게 몸소 식물학, 논리학, 경제학 등을 가르치며 많은 영감을 주었다. 열한 명의 아이를 낳은 로스코는 아홉째 자녀인 그가 열살 되던 해 세상을 떠났지만, 그녀가 꾸려놓은 집안의 색채는 형제자매를 통해 그에게 꼼꼼하고 깐깐하게 전해졌다.

정치경제학에서 '마음'을 떼어내 '건조한 경제학'을 만들었다고 평가받는 한세혁명의 제본스. 하지만 그는 시를 무척이나 사랑한 '따뜻한 경제학자'였다.

"시가 늘 먼저 있어야 한다. 시는 더 높은 이상을 갖게 하고 더 가치있는 성취감을 맛볼 수 있는 '마음'을 이끌어내기 때문에."

그가 현대 경제학의 아버지가 된 것은 이러한 시적 마음 덕분이리라.

윌리엄 스탠리 제본스 William Stanley Jevons
1835~1882. 현대 수리경제학의 '원조.' 한계효용의 창시자로서 공리주의자 벤담의 영향을 받았다. 수학을 경제학에 접목시켜 경제학을 '쾌락과 고통의 수학'이라고 칭하며, 수학을 비단 도구로만 규정하지 않고 가치중립적인 논리언어로 바라보았다. 상품의 효용을 '한 단위가 추가로 늘 때'라는 '한계적'인 의미에서 처음 가격과 비교·분석했다. 주요 저서로 『정치경제의 일반적 수리 이론』 *A General Mathematical Theory of Political Economy* 등이 있다.

메리 앤 로스코 Mary Anne Roscoe
1795~1845. 영국의 시인으로 리버풀의 유니테리언교도 집안에서 태어났다. 역시 시인이었던 아버지와 친해서 그의 시적 재능을 그대로 물려받았다. 열한 명의 자녀를 두었으나 다수가 일찍 세상을 떴다.

회복해야 할 본연의 마음과 세상의 균형

래그나 넉시와 데니스 넉시

자본이 부족하게 되니, 무언가를 많이 만들 수가 없다. 그에 따라서 사람들의 벌이도 당연히 줄어든다. 자연스럽게 저축량도 적어진다. 투자할 자본이 줄어든다. 수요 측면도 마찬가지다. 소득이 적어지면 시장의 규모는 작아진다. 구매할 능력이 없으니 생산량은 줄어들고, 자본의 수요도 적어진다. 다시 소득은 줄어든다.

경제학자 래그나 넉시Ragnar Nurkse는 이렇게 '빈곤의 악순환'을 설명했다. 그렇다면 낮은 소득이 저축을 줄이는 이 굴레를 벗어날 수는 없을까? 수출시장을 개척하거나 확대하는 것이 가장 좋은 해결책일 것이다. 외국과 무역하기가 곤란한 후진국이라면 국내시장을 개발하는 것이 더 쉽겠다. 넉시는 이 악순환을 타개할 방법으로 '균형성장'을 말했다. 모든 산업에 고르게 투자하여, 각각의 생산물을 서로 구매하는 경제를 조성하자는 주장이다. 여럿이 같이 가면 아픈 다리도 끌려갈 수 있는 법이다. 산업이 고르게 성장하면 상호수요가 늘고, 이를 바탕으로 시장의 수요와 공급 능력을 확대할 수 있다. 결국 소득이 증가되는 바로 그 지점에서 악순환의 고리는 깨진다. 그의 학설을 거울삼아 우리가 지금 겪는 심각한 불평등의 원인을 되새겨볼 수도 있다.

러시아 제국 시절의 에스토니아 출신인 넉시는 미국에서 활동했다. 시장주의의 틀 안에서 모두가 잘사는 공정한 사회를 그렸다. 특히 후진국의 빈곤에 주목하며 '균형성장'의 해법을 주장한 것은 그의 삶의 궤적에서 이유를 찾을 수 있다. 파시스트가 유럽을 장악한 때, 그는 빈의 국제연맹에서 활동했다. 사회진보를 지향한 그는 이후 나치즘 아래서 버티기 어려웠고 결국 난민이 됐다. 그런데 미국으로 힘겹게 이민 온 그를 반긴 것은 극단적인 매카시즘이었다. 이처럼 불신과 전쟁의 시대를 온몸으로 가로지른 그는 인간성을 되찾을 수 있는 방법을 고민할 수밖에 없었다.

뉴욕 브루클린 출신의 시인 데니스 넉시^{Dennis Nurkse}는 이러한 아버지의 영향을 많이 받았다. 아버지와의 관계 속에서만 자신이 드러난다고 말할 정도였다. 비록 어린 시절에 아버지를 여의었지만, 아버지는 그의 곁에 항상 아들의 시를 놓아두었고, 시 쓰는 아들을 북돋웠다. 시 「아버지의 옷장」은 그와 아버지의 관계를 보여준다.

아들 넉시는 '모자'를 바라보았다.

내가 쓰자마자

브루클린은 어두워졌으나

벗었을 때

목마가 나를 쳐다보았다 눈부신 유리눈으로

—「모자」 전문

'신발'은 시인 넉시에게 무엇이었을까?

나는 손을 밀어넣고

그들에게 걷도록 가르쳤다.

너의 의지에 반해

왼쪽으로 오른쪽으로 비틀거리며

나르바Narva*까지 행진하라.

—「신발」부분

아버지가 입은 고난 때문에 경제적으로 여력이 없었던 시인은 1970년대에 공장노동자, 바텐더, 유치원 선생님, 하프시코드 제작자로 자리를 가리지 않고 일했다. 나중에는 유엔 인권대표로도 활동했다. 그의 시는 전쟁문제를 고발하고 평화의 메시지를 담고 있는데, 1990년에는 와이팅재단Whiting Foundations에서 시 부문의 상을 받기도 했다.

광기 어린 전쟁과 전체주의의 폭풍을 겪었던 아버지의 삶을 따라가면서 익히고 느낀 바가 적잖았다. 그의 시대에 가로놓인 베트남 전쟁도 삶과 시의 중요한 모티프가 되었음에 틀림없다. 신경질환을 앓았던 그에게 병은 또다른 전쟁이었다.

---

* 에스토니아 북동부의 도시. 나르바 강 어귀에 위치한 공업중심지다.

개미 한 마리

유랑하는 쉼표처럼

존재하는 사이에서

우리는 수천이 있다.

수백만, 엄청난 무기외

금식과 끝없는 연습으로

—「개미에 관한 전쟁」 부분

넉시 부자는 인간성이 사라진 시대를 묵묵히 그러나 강고하게 견뎌왔다. 아버지는 경제학을 도구로 세상이 진보하는 방법을 찾았다. "그의 걸음은 거대했다"며 그런 아버지를 추억하는 시인 아들은 사람이 회복해야 할 본연의 마음을 시로 노래하는 중이다.

래그나 넉시 Ragnar Nurkse
1907~1959. 에스토니아 태생의 미국 경제학자. 균형성장론을 제창했다. 개발도상국의 정부는 시장을 해외에 개방하기 전에 먼저 성장할 필요가 있다고 보았다. 그리고 여러 산업에 적극적으로 투자해야 산업발전과 시장 성장을 동시에 이룩할 수 있다고 주장했다. UC버클리의 배리 아이켄그린과 같은 정상급 경제학자는, 이 이론이 정보와 자본의 집중 때문에 성장 요소들이 널리 퍼지지 못하는 현대사회의 문제점을 미리 지적했다고 평가했다. 주요 저서로 『저개발국가에서 자본 형성의 문제』 *Problems of Capital Formation in Underdeveloped Countries* 등이 있다.

데니스 넉시 Dennis Nurkse
1949~ 경제학자 래그나 넉시의 아들로 미국의 시인이다. 섬 전체가 교도소인 라이커스 섬에서 수감자들을 가르친 경험으로 감옥 생활에 대한 시를 발표하여 주목을 받았다. 『물 위의 목소리들』 *Voices Over Water* 외 여러 시집이 있다.

소외된 사회적 약자들을 위한 '열정'

에이드리언 리치와 알프레드 콘래드

시인은 말했다.

당신은

이 문을 통과하든지

못하든지 할 것입니다.

(…)

하지만 많은 것이 당신을 장님으로 만들 것입니다.

많은 것이 당신을 스쳐 지나갈 것입니다.

어떤 비용을 치를지 누가 알겠습니까?

문 자체는

어떤 약속도 해주지 않습니다.

그것은 단지 문일 뿐이니까요.

　　　　　　　—「장래의 이민자들이여 부디 주목하십시오」 부분

　　　　　　　　　　　　（『문턱 너머 저편』, 한지희 옮김, 문학과지성사 2011）

　에이드리언 리치^{Adrienne C. Rich}는 20세기 후반 가장 영향력
이 큰 여성운동가다. 그녀의 시는 세계의 평화운동가와 여
성운동가의 마음을 나지막이 다독이며 묵직한 기둥이 돼
주었다. 시선집 『문턱 너머 저편』은 우리나라에도 번역돼
여러 사람들의 마음을 움직여왔다.

　병리학 의사인 아버지는 그녀에게 문학을 가르쳤고 딸이
'천재적 지식인'이 되기를 바랐다. 그런 바람 속에 문학의
숲에서 자란 그녀는 기탄없이 그 길을 택했다. 시인 오든과
예이츠의 필경사로 문학의 길을 걷기 시작해, 오든의 추천

으로 첫 시집 『세계의 변화』*A Change of World* 를 펴냈다. 그녀의 시는 시간과 공간의 두 축을 가로지르며 여성의 속마음을 그렸다. 경계에 자리할 수밖에 없었던 여성의 삶을 바라보며 그 외로움에 공감했고, 주변 사람들에게 애정을 보였다. 시선은 사회의 약자에게로 향했고, 불평등의 원인을 찾으려고 노력했다. 전쟁을 반대하며 평화운동에도 앞장섰다.

경제학에는 '클리오메트릭스'*Cliometrics* 라는 갈래가 있다. 그리스신화에 나오는 역사의 뮤즈인 '클리오'에 '계량학'이 더해진 어휘로, 수리·계량경제학의 분석법을 활용하여 역사를 이해하는 학문이다. 계량경제사라고도 불리는 이 분야를 개척한 사람은 하버드대학의 경제학 교수였던 알프레드 콘래드*Alfred H. Conrad* 다. 콘래드는 리치가 학부생 시절에 만난 남성으로, 1953년 두 사람은 결혼했다. 보스턴에서 10여 년을 보낸 뒤 뉴욕에 둥지를 튼 두 사람은 반전·시민권·흑인민권운동을 함께했다. 그들의 집에서는 쉴새없이 회의가 열렸다. 사회운동의 동력을 위한 기금을 조성하자 각계각층에서 모금이 열정적으로 이어졌다.

소외된 사람들을 이해하려는 둘의 노력은 시인의 시뿐만 아니라 경제학자의 논문에도 잘 드러나 있다. 콘래드의 저술 중 가장 유명한『남북전쟁 이전 남부 노예의 경제학』 *The Economics of Slavery in the Antebellum South* 은 클리오메트릭스의 시작이 됐다. 사실 1800년 89만명이었던 남부의 노예는 1860년에 395만명에 이르렀다. 그럼에도 불구하고, 당시 농장주들은 노예보유세 도입의 논리를 약화시키고자 노예를 보유하는 어려움을 부풀려 말하고 수익은 과소평가했다. 콘래드는 근대 회계학을 이용해 농장주들의 회계장부를 분석하여 노예를 보유하는 데서 생기는 '수익'과 '수익성'을 면밀히 계산했다. 그리고 이렇게 일갈했다. "전쟁 없이 노예가 사라질 것이라는 믿음은 너무나 낭만적인 가정이었다!"

한편 결혼 시절 자신의 성정체성을 확인한 후, 리치의 시는 이전과 성격이 달라진다. 숫자라는 렌즈를 통해 과거의 경제를 바라보는 것처럼, 결혼제도라는 거울을 통해 가부장적 세상 속 여성의 혼란과 아픔을 아주 강렬하되 섬세하게 묘파했다.

이모가 돌아가실 때, 공포에 떨었던 그 두 손은 쉬게 될 것이다.

그녀를 짓눌렀던 시련의 반지가 여전히 끼워져 있겠지만.
이모가 수놓았던 병풍 속 호랑이들은
계속 활보할 것이다. 당당하게, 두려움 없이.
—「제니퍼 이모의 호랑이들」부분(같은 책)

　서로에게 끼친 사상의 크기와 달리 안타깝게도 둘이 함께 보낸 시간은 오래 가지 않았다. 1970년 가을, 숲에서 남편 콘래드가 자살했기 때문이다. 주변 사람들은 결혼 시절 리치의 성정체성 찾기에서 비롯된 관계의 팽팽함이 선을 넘어 끊어져버린 혼돈을 그 원인으로 지목했다.
　소외된 경계를 투철하게 고민하는 시인의 철학에서 남편과 그 자녀 셋의 흔적을 지워내는 일은 쉽지 않다. 그녀의 삶 속에는 노예제를 유지한 농장주를 명징한 숫자로 비판한 경제학자가 또렷이 박혀 있었기 때문이다. 그녀는 여전히 "당신은 유리창에 물을 튀기며/그 물맛에 감탄하곤 했죠/당신 때문에 나도 수돗물 맛을/알게 되었어요"(「이렇게 둘이서—AHC에게」)라고 속삭이고 있다.

알프레드 콘래드 Alfred H. Conrad
1924~1970. 하버드와 뉴욕시립대학의 경제학 교수를 역임했다. 역사를 수치화된 방법으로 기술하는 클리오메트릭스Cliometrics를 제안하였다. 수학을 적극적으로 도입해 경제사를 계량화하여 분석하는 이 분야에 1993년 노벨경제학상이 주어짐으로써 그 학술적 가치가 인정되었고 근래 빅데이터를 이용해 미래를 예측하는 방법의 기반이 되고 있다. 『남북전쟁 이전 남부 노예의 경제학』 *The Economics of Slavery in the Antebellum South* 등의 저서가 있다.

에이드리언 리치 Adrienne C. Rich
1929~2012. 미국의 시인이자 페미니스트. 20세기 후반 가장 널리 읽히는 시인 중 하나로 꼽히며 억압받는 여성과 성소수자를 시에 담아냈다는 평가를 받는다. 주요 시집으로 『문턱 너머 저편』 *The Fact of Doorframe* 등이 있다.

노동자의 현실과 아픔을 어루만지다

칼 샌드버그와 필립 라이트

안개가 온다.

작은 고양이 발로

소리없이 웅크리며

항구와 도시를 굽어보다

자리를 뜬다.

—「안개」 전문

「안개」는 시인 칼 샌드버그[Carl A. Sandburg]의 시이다. 그는 링컨 전기와 시집을 포함, 모두 세 번이나 퓰리처상을 받았다. 월트 휘트먼 이래 최고의 시인으로 손꼽히는 그를 가리켜 린든 존슨 대통령은 "그가 바로 미국"이라고 했다. 그는 스웨덴계 이민자의 아들로 젊은 시절에 갖은 험한 일을 전전했다.

그의 이력처럼 그의 시는 주로 일하는 사람의 아픔을 어루만진다. 막노동판의 거친 비속어들이 담긴 시 「시카고」는 도시의 살벌한 풍경을 생생하게 살려낸다. "활기차고 거칠고 강하고 영리한 것이 자랑스러워 고개를 쳐들고/노래를 부르는 또다른 도시가 있다면 어디 말해"보라며, "자신의 손목 아래에선 맥박이 뛰고, 늑골 아래선 대중의 심장이 뛴다며/자랑스레 웃어젖혔다." 그것은 누군가의 아픔의 곁에 함께 서 있는 다른 이의 웃음이었다.

일리노이의 게일스버그에서 자란 그는 가난한 집안 형편 때문에 본래 공부에는 뜻을 둘 수 없었다. 그런데 스페인 전쟁에서 만난 전우의 설득으로, 전쟁이 끝난 후 고향의 롬바드대학에 들어간다. 여기서 일생의 스승을 만나는데, 바로 경제학자인 필립 라이트[Philip G. Wright]다. 필립 라이트는 청년 샌드버그를 발굴하고 문학의 길로 이끌었다. 라이트는 집안에 인쇄기를 두고 출판 일도 겸했는데 샌드버그의 첫 시집도 바로 이 인쇄기에서 찍혀나왔다.

그 자신이 시인으로 여러 권의 시집을 내기도 한 라이트는 이미 유명한 경제학자였는데, 계량경제학자로서 '도구변수'를 처음 만든 장본인이기도 하다. 대개 통계자료를 사용해 경제현상의 상관관계를 설명할 수는 있지만, 그 인과관계를 매끄럽게 설명하는 것은 쉽지가 않다. 예를 들어, 좋은 학교를 나온 것이 높은 소득의 원인인지를 명확하게 논증하긴 어렵다. 그럴 때 학벌에는 영향을 미치지만 소득에는 영향을 주지 않는 변수를 하나 가정해서 분석한다. 가령 침착한 성격 같은 요인을 생각해볼 수 있겠다. 이러한 변수를 바로 '도구변수'라고 부른다. 라이트는 1928년에 동물성 유지와 식물성 기름에 관세를 매기기 위한 연구를 진행하면서 도구변수를 처음으로 만들었다. 라이트는 사회의 모습을 보여주는 여러 경제변수가 영향을 주고받는 관계들을, 칼로 두부를 자르듯 따로 떼어내어 생각하기란 결코 쉬운 일이 아니라고 고백했다.

라이트는 시 말고도 여러 부분에서 샌드버그와 영향을

주고받았다. 샌드버그는 자신의 딸에게 라이트를 가리켜 "좋은 선생님, 친구이자 동지, 그리고 시인"이라고 소개할 정도였으니 말이다.

미국 내에는 '노동운동가는 대개 지식수준이 낮다'는 해묵은 편견이 있다. 그러나 이것을 깨부수는 반례가 있는데, 바로 샌드버그와 샌드버그가 직접 전기를 쓴 링컨이다.

라이트와 샌드버그는 마르크스의 『자본』을 같이 읽어가며 토론했다. 학교를 떠난 샌드버그가 노동운동에 투신할 때 그를 뒷받침했던 학문과 이론적 배경도 스승인 라이트와 함께한 시절에 탄탄하게 닦인 것일 테다.

샌드버그는 고삐 풀린 망나니처럼 제멋대로 흘러가는 자본주의를 혐오했다. 그러면서 노동의 거친 호흡과 함께 살아있는 땀방울 속의 행복을 찾으려 했다. 그의 시 「행복」은 이렇게 증언한다.

인생의 의미를 가르치는 교수들에게 나는
행복이 무언지 가르쳐달라고 했다.
또한 수천 명의 직원을 거느린
유명한 경영자에게도 물어보았다.

그들은 모두 머리를 흔들며 마치 장난하느냐는 듯

나에게 미소를 지어 보였다.

그리고 어느 일요일 오후 나는 데스플레인스 강을 따라 거

닐다가

한 무리의 헝가리인들이 나무 아래

부인과 아이들, 한 통의 맥주, 아코디언과

같이 있는 걸 보았다.

―「행복」 전문

그가 질문한 사람들 중에는 라이트도 있었을 것이다. 라이트가 샌드버그를 시인으로, 일하는 사람의 동반자로 이끈 매개는 분명 시였다. 샌드버그가 대학시절 '내가 어디로 가고 있는지 모르겠다'면서도 '하지만 나는 그래도 내 길을 가고 있다'고 한 것은 그런 연유다. 바로 그 덕에 오늘 우리는 걸출한 시인과 시를 간직하고 있다.

필립 라이트 Philip G. Wright
1861~1934. 계량경제학과 통계학을 연구한 미국의 경제학자. 도구변수
Instrumental variable를 제안했다. 도구변수를 활용하면 인과관계가 불명
확한 실험이나 데이터 속에서 원인을 추측할 수 있어, 경제나 사회현상뿐
아니라 감염병 역학(疫學)에도 활용되고 있다. 하버드대학에서 경제학을 공
부했고, 일리노이대학에서 경제학·수학뿐 아니라 문학과 체육도 가르쳤다.

칼 샌드버그 Carl A. Sandburg
1878~1967. 미국의 시인이자 전기 작가. 시로 두 번, 링컨 전기로 한 번 총
세 번의 퓰리처상을 받았다. 미국인들의 다채로운 삶을 시로 썼다는 평을
받는다. 주요 저서로 『시카고 시편』 Chicago Poems 등이 있다.

전체로서의 사회가 아닌
사회 속 개개인의 살림살이를 고민하다

칼 윌리엄 캅과 에른스트 비헤르트

세계적으로 큰 인기를 끌었던 『화폐전쟁』의 저자 쑹훙빙^宋^{鴻兵}은 머지않은 시점에 단일화폐가 발행될 가능성이 높다고 보았다. 특히 이산화탄소 배출권을 기초로 한 탄소화폐가 출현할 가능성이 가장 높다고 예측했다. 서구가 화폐를 발행하는 데서 이익을 취하려는 속셈을 모르는 바는 아니지만, 환경문제를 현실 속으로 끌어들여 해결의 단초를 마련하는 긍정적인 측면도 간과해서는 안 된다. 환경문제는 인류가 함께 치러내야 하는 사회적 비용으로서, 모든 수단을 기꺼이 동원해야 할 만큼 매우 중요하다. 특히 개개인들은, 그들이 구성하고 있는 사회로 인해서 '새롭게 만들어진' 그 비용을 부담할 각오를 해야 한다. 사정이 그러할지라도, 그 중에서 어떤 방법이 가장 좋은지 정하기 위해서는 각 수단에 들어가는 비용을 알아야 한다. 또한 이들을 공정하게 비교하려면, 각각에 소요되는 비용이 하나의 통일된 기준으로 평가되어야 한다. 비용을 어떻게 계산하느냐는 점뿐 아니라 이들을 평가할 기준도 그래서 중요하다.

고전경제학의 외부성 개념*을 배격하고 실제적인 사회적 비용을 언급한 경제학자는 칼 윌리엄 캅Karl William Kapp이다. 그는 고전파경제학에는(심지어 마르크스 경제학에서도) 생산과정에서 발생하는 여러 종류의 사회적 비용이 얼마나 되는지, 누가 부담해야 하는지, 나아가 그 비용이 최종적으로 어떤 형태가 될 것인지에 대한 고민이 전혀 없다고 강하게 비판했다. 그러면서 당시 간과됐던 환경오염을 외

---

* 외부성(externality)이란 어떤 시장 참여자의 경제적 행위가 사람들에게 의도하지 않은 편익이나 손해를 가져다주는데도, 아무런 대가를 받지도, 지불하지도 않는 현상을 말한다. 환경오염 같은 것이 대표적 사례다.

부성이 아니라 사회적 비용으로 분석했다. 이러한 사회적 비용을 사업비에 넣어 계산한다면 총비용이 더 늘어날 것이고, 우리는 이를 근거로 생산과 부[■]뿐 아니라 욕구에 대한 개념을 바꿔야 한다고 그는 주장했다.

칸은 20세기 제도경제학과 진화경제학에서 독특한 위치에 있다. 그는 관찰 대상의 어떤 성격이 그것을 구성하는 아주 작은 단위의 특성에서 비롯됐다는 환원주의를 거부했다. 오히려 그는 사람들이 구성한 사회에 '새롭게' 만들어지는 특징에 주목했다. 돌멩이 하나 하나가 파도와 맞부딪혀 생기는 소리를 죄다 기계적으로 더한다고 해도, 낮은 파도가 돌밭 해변에 쓸려와 내는 묵직한 바닷소리를 결코 똑같이 만들어낼 수 없는 것과 같은 이치다. 또한 그 돌들이 각자 다르게 생긴 것처럼, 시[■]나 빵을 '하나의 기준'으로만 대하지 말고, 효용과 욕구가 여러 가지 형태를 띤다는 점을 이해해야 한다고 강조했다.

사회 속 인간에게 초점을 맞춘 그의 경제학적 관점은 어떤 특징을 가지는가? 그는 각자 다른 삶을 살아온 개인이 자연을 똑같이 느낄 수 없는 것처럼, 경제학 역시 사회 속 개인의 개별성에 주목해야 한다고 말한다. 그가 이런 독특한 관점을 가지게 된 것은 작가 에른스트 비혜르트^{Ernst} Wiechert 덕이다. 바로 캅의 선생님이다. 시인·소설가이자 교사인 비혜르트는 독어권에서는 무척 유명한 문학가로 타계 50주년에는 그를 기리는 우표가 발행되기도 했다. 시와 소설은 물론 여러 동화를 썼는데, 전쟁 전후 유럽에 드리워진 깊은 우울함을 담담하게 받아들이면서도 꾸준히 자연에 눈길을 던졌다. 저녁녘 지는 노을에서도 그는 삶에 대한 희망을 이야기했다.

그의 시를 보면 그의 희망이 어디에서 왔는지 짐작할 수 있다.

어두워지는 물가에서
뱃사공이 노 위에 손을 얹고
기다리는데
저녁놀이 그에게 드리웠구나.

너는 아는가 행선지를
어디로 떠나는 여행인지를
저 숲 뒤에 침묵하는 천사가

있으리라 믿어라.

보아라, 별들이 어떻게
천사의 은빛 날개를 실어나르는지
뱃사공의 손을 멈추어라
그의 손은 아마도 신의 것일지니.

─「뱃사공」 부분

비헤르트는 나치를 반대하는 공개연설 때문에 수용소
에 갇히기도 했다. 그럼에도 용기를 잃지 않고 '자신의 말'
을 하는 행동파 시인이었다. 그는 바이마르 공화국 시절 고
등학생 캅을 5년 넘게 가르쳤다. 캅은 나치를 피해 미국으
로 망명한 이후에도 비헤르트가 죽기 전까지 서신을 주고
받으며 생각의 폭을 넓혔다. 시인이 경제학자에게 큰 영향
을 끼친 것은 특히, 개인을 이해하는 태도였다. 대개 사회
를 분석하려다보면 그를 구성하는 요소인 개인의 개별적
인 특성은 증발해버리기 마련인데, 캅은 이를 놓치지 않으
려고 노력했다. 이런 자세는 학문적으로 단순화된 모형의
세계에만 빠지지 않도록 하는 큰 힘이 됐다. 경제학자 캅은

삶을 대하는 스승의 태도에서, 어제를 타파하고 오늘을 새롭게 만들려는 각오를 다졌다고 말했다. 실제로 비헤르트는 제자에게 "나는 '잘 지내라'고 하지 않겠다. 다만 '용기 있으라'고 하겠다"고 적은 바 있다.

기존의 경제이론을 따라 성장한 오늘의 경제가 가장 쓸모없이 만들어버린 것이 있다. 그것은 역설적이게도, 성장의 버팀목이 된 바로 '기존의 경제이론'이다. 경제학은 사회를 이해하는 모형을 만들며 그 모형을 가지고 세상을 분석하려는 사람들이 늘어나면서 결국 각자의 행동은 바뀌게 된다. 다른 사람들과는 같지 않은 자신만의 '최적의 의사결정점'을 찾아야 하기 때문이다. 그러면 사회는 이제 새로운 특성을 갖게 될 터이다. 그래서 경제학은 늘 과거가 아니라 오늘의, 전체가 아니라 개인의 살림살이를 고민해야 한다. 이것이 비헤르트와 캅의 시와 경제학이 보여주는 세상의 이치다.

칼 윌리엄 캅 Karl William Kapp
1910-1976. 독일 태생의 경제학자. 미국과 스위스에서 활동하며 진화경
제학파Evolutionary Economics를 이끌었다. 생태·제도·마르크스주의 경
제학자로서 기존의 경제학이 다루기 어려운 생태·사회 문제들을 사회비
용이라는 개념으로 규명했다. 그의 경제학은 신고전파 경제학과는 정확히
대척점에 서 있다. 주요 저서로 『기업의 사회적 비용』The Social Costs of
Business Enterprise이 있다.

에른스트 비헤르트 Ernst Wiechert
1887~1950. 독일의 소설가이자 시인. 1930년데 가장 많이 읽힌 독일 작가
중 한 사람으로 인간의 이상을 작품 안에 담아내려 했다. 대표작으로 『단순
한 삶』Das einfache Leben 등이 있다.

3부

사람, 시와 경제의 시작

행위의 동기는 어디에 있는가?
바로 고결한 마음에

윌리엄 워즈워스와 존 스튜어트 밀

돈이 많으면 장사를 잘하고 소매가 길면 춤을 잘 춘다고 했던가? 모든 일이 잘 되려면 재료가 좋아야 하고 풍족하게 준비되어 있어야 한다는 뜻이겠다. 그렇게 우리는 풍족하려고들 살아왔다. 그 결과 평균적으로 보기에는 잘살게 되었다. 하지만 속속들이 살펴보면 경제적으로 너무나 불평등한 현실을 마주하고 있다.

기실 이제는 많은 사람들이 경제적 불평등을 우려한다. 봉준호 감독의 「기생충」이 세계를 휩쓴 것도 같은 이유일 게다. 또 많은 이들은 촛불과 광장의 동력을 여기에서 찾기도 한다. 그런데 '경제통계'라는 숫자보다는, 피부로 느끼는 바가 더 크다. 그래서 불평등 문제를 말하고자 자꾸 광장으로, 온라인 토론장으로, 미디어 앞으로, 심지어 영화 스크린으로 모이고 있다.

이러한 상황을 심각하게 받아들이고 해결해야 한다고 말하는 이들 중에는 의외로 기업가들이 많다. 40억을 내야 그나마 점심 한 끼를 같이할 수 있다는 워런 버핏은 부자들이 세금을 더 많이 내야 한다고 주장한다. 독일 최고의 생활용품업체 DM의 창업자 베르너는 기본소득을 언급한다. 조지 소로스도 불평등 문제나 소득분배 등을 연구하는 싱크탱크를 적극 지원하고 있다.

생각해보자. 만약 물건이 만들어지기만 하고 팔리지 않으면 어떻게 할 것인가? 집값 상승은 과연 주변이 개발되지 않아도 일어날 수 있는 일인가? 결국, 생산에 방점을 둔 경제에는 반드시 순환이 필요하다. 도로 건설, 학교 건립 등의 개발에 쓰이는 비용은 세금에서 온다. 그러니까 누군가가 부동산 투자를 '잘해서'가 아니라, 다른 사람들에게 신세를 졌다고 보는 것이 (경제학적으로도) 옳은 소리다. 자본주의 앞에 선 이 기업가들은 체제를 부정하는 게 아니라, 그 안에 내재된 문제를 인정하고 교정코자 하는 것이다.

200여 년 전에 비슷한 관점에서 문제를 이해하고 해결책을 모색한 경제학자가 있었다. 복지국가라는 개념이 태동하기도 전에 존 스튜어트 밀 John Stuart Mill 은 '협동'과 '연대'의 중요성을 갈파했다. 불평등은 국가가 해결할 부분이라고 주장했으며, 막 시작된 협동조합운동을 여러 차원에서 지원했다. 지금 논의되고 있는 복지와 사회민주주의 정책들의 기초를 놓은 셈이다. 그러나 당시의 정치·경제 상황에서 그는 '지속적 성장'이라는 틀을 결코 벗어나지 않았다. 게다가 사회주의자도 아니었다. 산업혁명에 따른 사회의 장기적 변화를 예측하려 한 동시대인 마르크스와 달리, 밀은 현실을 이해하는 데 중점을 두었다.

스튜어트 밀은 스코틀랜드 출신의 아버지로부터 아주 어릴 적부터 영재교육을 받았다. 세살 때 이미 그리스어를 익혔고, 십대가 되기 전부터 라틴어와 기하학을 배워야만

했다. 열두살에 책(『로마의 역사』)까지 쓰게 된 그는 급기야 자신을 닫고, 실의에 빠졌다. 그러나 다행스럽게도 그를 고통 속에서 끌어낸 누군가가 있었다. 그이는 밀을 그 외딴 섬에서 끄집어내고, 정현종 시인의 표현대로 '사람들 사이의 섬'(「섬」)으로 이끌었다.

시인 윌리엄 워즈워스^{William Wordsworth}가 바로 그 사람이다. 밀은 나중에 자서전에서 워즈워스의 시가 "모두가 나눌 수 있는 기쁨의 원천"이었다고 고백했다. 그는 20대 초반, 시인 새뮤얼 콜리지^{Samuel Coleridge}를 통해서 워즈워스를 만날 수 있었다.

워즈워스는 낭만주의 시인, 호반 시인^{Lake Poets}으로 유명하다. 자연의 미세한 떨림을 관찰하고 사랑을 읽어내고자 노력했다. 그러나 그의 시는, 콜리지와 같이 발표한 『서정가요집』^{Lyrical Ballads}에서 밝혔듯, 거기서 한발 더 나아가 자연과 조화를 이루는 인간의 근원적 기쁨과 사랑을 노래했고 자연과 아이와 순수를 예찬했다.

하늘의 무지개를 볼 때마다
내 가슴 설렘이

어린 시절에 그러했고
다 자란 오늘도 매한가지인 것처럼,
(…)
바라노니 나의 하루하루가
자연의 경건에 매어지기를

                                       —「무지개」부분

사실 워즈워스는, 10대 초반에 부모를 여의었고 고아로
무척 힘든 시절을 보냈다. 홀로 설 수밖에 없는 그 외로운
시절을, 시골 생활로 이겨내려 노력했다. 스스로를 일으켜
세우며, 자주적으로 자연을 읽는 눈을 익혔다.

초원의 빛, 꽃의 영광 가운데의
그 시간으로 되돌릴 수 없더라도
우리는 슬퍼하지 않으리
대신 남아 있는 것에서 힘을 찾으리
전부터 있었고 앞으로도 있을
근원적인 공감에서,
인간의 고통에서 솟아나는

위로하는 사유에서,

죽음을 뚫고 보이는 믿음에서,

지혜로운 마음을 가져오는 세월에서

—「초원의 빛」 부분

희망을 읽는 그의 눈은 이처럼 따듯했다.

스스로의 힘으로 유년기를 버텨온 워즈워스와 그의 시들이 그 반대편에서 고독했던 밀을 위로할 수 있었던 것은 이런 연유가 아니었을까? 워즈워스의 시를 읽고 그를 만나며, 밀은 공리주의에 과감한 칼날을 대어 크게 도려낸다. 결국 그는 사람들 행위의 동기는 이기심이 아니라 고결한 마음에 있다고 밝힌다. 그가 42세에 저술한 『정치경제학원리』는 이런 생각을 담고 있다. 그래서 후대 학자들은 밀을 '낭만파 경제학자'로 부르기도 한다.

'최대다수의 최대행복'을 말하던 벤담에 맞서 '합리적 성장'을 주장한 경제학자로서 밀이 제시한 의견은 이랬다. "그 즐거움이 얼마인지와 관계없이, 우리에게는 못보다 시가 더 좋을 수 있다."

존 스튜어트 밀 John Stuart Mill
1806~1873. 영국의 정치경제학자. 사회학자이자 철학자로도 분류되는 그는 인문학 전반에 걸쳐 많은 저작을 남겼다. 경제학자로서 먼 미래를 분석했는데, 리카도와 달리 인간이 가지고 있는 '이상적인 면'을 강조한 것으로 유명하다. 천국에 가고 싶다는 인간의 이상적인 욕심을 수용하고 공리주의를 개량하여, 평형에 도달한 먼 미래에 모두는 안락한 만족을 갖게 될 것으로 전망했다. 그래서 그는 낭만파 경제학자로 기억된다. 『자유론』*On Liberty* 등의 저서가 있다.

윌리엄 워즈워스 William Wordsworth
1770~1850. 영국의 낭만주의 시인. 새뮤얼 콜리지와 함께 『서정가요집』 *Lyrical Ballads*을 펴내 영국 낭만주의를 기초했다. 범신론적 자연관이 드러나는 아름다운 시로 영국 계관시인의 명예를 얻었다.

우리의 지리경제학,
각 지방의 지리적 특성에 눈뜨다

이인복과 이중환

경제학에는 '일물일가의 법칙'이 있다. 같은 상품은 오직 한 가지 가격만 갖는다는 말이다. 그런데 그 상품이 하나의 가격을 가지려면 일정한 시간이 흘러야 한다. 어떤 지역에서만 싸게 파는 물건이 있다고 하자. 사람들은 이를 사다가 이윤(차익)을 붙여 다른 지역에 팔 것이다. 이 과정이 계속되면, 싸게 팔리던 지역에서는 그 물건을 얻기 어렵게 되고 다른 지역에서는 상대적으로 구하기가 쉬워진다. 그래서 시간이 지나 일정한 평형 혹은 균형 상태에 다다르면 결국 하나의 가격으로 귀결된다.

『허생전』에서 허생은 이러한 원리를 잘 이용한다. 아내는 7년째 글만 읽는 그를 모질게 나무란다. 자리를 박차고 나선 허생은 10만냥을 빌려 돈을 불리고, 제주도로 가 싼 가격에 말총을 모두 사버린다. 그 덕에 망건 값은 엄청나게 비싸진다. '일물일가의 법칙'이 적용되는 경제 균형이 오기 전에 엄청난 차익을 남겨 거래를 마친다. 제주도의 토산품인 말총에서 보듯이 이러한 일들은 지역 사이의 차이 때문에 일어난다.

이 불균형의 원인을 지리적 차이로 이해한 우리나라 경제학자가 있었다. 도시와 농업의 입지를 다뤄 첫 '공간경제학자'로 꼽히는 튀넨[Johann H. von Thünen]처럼 우리의 첫 '지리경제학자'로 기억되는 사람은 바로『택리지』를 쓴 청담 이중환[李重煥]이다. 그는 실학자 이익의 영향을 받은 조선후기 사람으로, 남인계열에 속해 있었다. 경종 때 관직에 나섰으나 노론이 장악한 영조 시대에 유배되고 만다. 이후 전국을 유랑하며 지리적 문제와 경제적 현실에 '실학'의 렌즈를 들이댄다.

『택리지』 중 '생리生利'편의 주요 주제가 곧 '지리경제학'
이다. 그는 처음부터 '부'와 인간의 성격을 논한다. "사람이
한세상을 살아가려면 (…) 모두 재물이 있어야 한다. 재물은
하늘에서 떨어지거나 땅에서 솟아나는 것이 아니다." 그러
면서 "땅이 비옥한" 곳과 "사람과 물자가 모여들어 서로 물
건을 바꿀 수 있는" 곳이 부의 원천이 된다고 말한다.

『택리지』는 각 지역의 대표 물품과 특징만 기술하던 이
전의 단순한 지리서들과 달리, 그곳에서 왜 그러한 상품이
더 많이 나는지를 세세하게 밝히고 있다. 상품을 다룬다는
면에서 경제적 시각을 견지하면서도 그 이유로서 각 지방
이 갖는 특수한 조건에 주목했다. 그는 이런 조건 때문에
지역 산물이 전국에 균형있게 공급되지 못한다는 점을 지
적했다. 또한 유통이 느린 당시에는 '하나의 가격'에 이르
기까지 오랜 시간이 걸릴 수밖에 없었다. 물론 '일물일가의
법칙'을 직접 언급한 것은 아니었지만, 그 원칙을 체득하고
있었음은 분명하다. 경제와 지리의 관련성은 자연스럽게
그러한 이해의 바탕이 되었고, 나아가 경제적 불평등까지
논의할 수 있었다.

이 책에는 몇몇 이름이 등장하는데, 그중에는 태백산을 유랑하며 함께 시를 지은 '승지 이인복李仁復'도 있다. 춘절재 이인복은 남인에 속한 시인으로 승지로 부름을 받기 전 잠시 경북 영주에 터를 잡았는데, 일곱 살 아래인 이중환은 그를 자주 찾았다.

이인복은 속세에 거리를 두고 생활했고 무척이나 청렴했다고 알려져 있다. 그는 대개 자연과 세상의 관찰자로서 관조적인 시를 많이 지었다. 그리고 산수를 사랑하여 국내 각지에 흩어진 대부분의 명산을 직접 찾았다. 이중환은 그런 그와 무척 가깝게 지냈고, 이러한 관계 덕에 지리에 관심을 두게 됐다.

두 사람은 남인의 다른 문인들과 함께 '백련시단'이라는 시단詩壇을 만들어 활동했다. 마치 케인스가 '블룸스버리 그룹'에서 문인들과 적극적으로 교류했던 것과 비슷하다. 백련시단에서 이들은 삶을 이해하는 눈을 닦았다. 인간의 본성을 천착했으며 자연의 움직임을 관찰했다.

이인복은 한 여성 문인의 작품에 이런 시평을 남겼다.

이 시에서는 그 시율의 교묘함이 천기의 자연스러움에서

나온다. 본래 남자는 통하고 여자는 막혔다. 그러나 그 자연스러움은 사내장부의 힘으로 따라가려 해도 미칠 수 없다.

'막혔고 통했음'의 그 표현을 우리는 21세기의 눈으로가 아닌, 당시의 눈으로 생각해보아야 한다—무엇을 하고 무엇을 하지 말아야 한다는 고리타분한 낡습이 아니다! 마지막 문장이 말하듯, 이인복이 지적한 것은 인간의 본성, 그리고 거기서 비롯되었을 자연스러움에 대한 예찬이다.

이중환이 '부를 좇는 마음'과 이로 인해 생겨난 여러 '거래'를 이해할 수 있었던 것은 어째서였을까? 아마도 천성과 원리에 대한 관심 덕분이었을 것이다. '지리경제학'이라는 『택리지』의 관점 역시 토산품 뒤에 숨겨진 지리적 본성을 유심히 관찰하는 데서 비롯되었다.

이중환 淸潭 李重煥

1690~1752. 우리나라 최초의 지리경제학자. 『택리지』는 지리적 요건을 살펴 살기 좋은 곳의 기준을 분석했다. 개인의 삶과 지리적 요건을 결합함으로써 경제(정책)에 '공간' 개념을 포함시켰다. 인간의 생산활동을 중시한 그의 경제관과 매우 잘 결합되어, 지리적 환경을 잘 이용해야 유리하다고 보았다. 그러면서 부농과 지주들의 토지 독점을 날카롭게 비판했다.

이인복 春節齋 李仁復

1683~1730. 조선 후기의 문신. 비변사로부터 어사(御史) 임무를 잘 수행할 수 있는 인물로 뽑혔고 경종 1년에 승지에 올랐으며 형조참의를 거쳐 영조 때 병조참판에 올랐다.

순간의 폭풍, 그 속을 헤쳐간 두 사람

애덤 스미스와 비스와바 쉼보르스카

'보이지 않는 손.' 우리에게 매우 친숙한 말이다. 복잡한 이 세상이 균형을 찾게끔 하는 것은 무엇이던가? 바로, 보이지 않는 그 손이다. 애덤 스미스$^{Adam Smith}$는 각자 자신의 이익을 추구하도록 내버려두면 결국 이 '손'이 사회 전체의 복지를 증진시킨다고 하였다. 경제학의 처음이라고 일컬어지는 그의 책 『국부론』에 등장한 말이다.

재미난 사실 하나. 이 '손'은 『국부론』 전체를 통틀어 단한 번 등장한다. '보이지 않는'이라는 꾸밈말이 붙은 데는 속사정이 있다. 실제로 눈에 보이지 않는다는 의미도 있겠지만, 더 중요한 속뜻은 분명히 존재하는 것 같지만 명쾌하게 그 실체를 설명하기 어렵다는 것이다.

지금까지 자유주의라는 이름으로 인류를 휘어잡은 그 '손'의 결정적 등장은 바로 이러했을 터다. "'보이지 않는 손'의 인도를 받아 의도하지 못했던(!) 어떤 목표를 달성할 수 있다." 의도하지 않은 목표를 모르는 방법으로 달성한다는 소리다. 내버려두면 시장이 모든 것을 조정한다는 소리가 결코 아니다.

이 속뜻은 비스와바 쉼보르스카^{Wisława A. Szymborska}의 시 「가장 이상한 세 단어」에도 직접 닿아 있다. 3연을 살펴보자.

> 내가 "아무것도"라고 말하는 순간,
> 나는 이미 무언가를 창조하게 된다.
> 결코 무無에 귀속될 수 없는
> 실재하는 그 무엇인가를.
>
> —「가장 이상한 세 단어」 부분
>
> (『끝과 시작』, 최성은 옮김, 문학과지성사 2007)

보이지 않는 손은 본래부터 시장 만능의 보검寶刀은 아니었다. 쉼보르스카의 시처럼 '무언가'가 있다고 지적함으로써 바로 그 '무언가'가 돼버린 것이다.

애덤 스미스는 기실 철학자였다. 경제학이라는 학문은 외따로 존재하지도 않았을 뿐 아니라(그를 일컬어 경제학의 시조로 부르지 않는가), 그의 유명한 지술은『국부론』이 아닌『도덕감정론』*The Theory of Moral Sentiments* 이었던 것이다. 이 책에서 그는 로마제국은 다양성을 존중하지 않았기 때문에 멸망했다고 설명한다. 개개인이 지니는 다양한 특성을 고려하지 않고 모두가 꼭같다고 치부함으로써 오히려 세상은 더 뒤죽박죽이 되었다는 것이다. 이 역사적 사실을 설명하면서 애덤 스미스는 시장의 원리를 설명하지 않았다. 시장에 참여하는 사람의 올바른 태도를 논했고, 사람의 본성이란 무엇인가를 고민했다.

경제학설사를 천착하는 여러 연구자들은『국부론』을 제대로 이해하기 위해서는 반드시『도덕감정론』을 함께 읽어야 한다고 말한다. 먼저 출간된『도덕감정론』에 따르면, 보이지 않는 그 손은 사회 구성원 개개인의 자세에 뿌리를 두고 작동한다. 애덤 스미스는 결국 인간을 궁극적 연구대상으로 삼았고, 이들의 상호작용으로 인해 사회에 거시적으로 드러나는 다양한 경제현상을 파고들었다.

노벨문학상을 수상한 시인 쉼보르스카는 1923년에 태어나 21세기까지 살았던 폴란드의 시인이다. 시기를 따져보건대 18세기 철학자인 스미스와 교분이 있을 리 없다. 그러나 그녀는 앞서 인용한 시에서 보듯이 스미스가 지적한 사람살이와 세상살이의 핵심을 명징하게 꿰뚫어보는 눈맑은 시인이었다.

몇해 전 광화문의 책방에 걸려 많은 사람들에게 이야기를 걸었던 시 「두 번은 없다」도 마찬가지다.

(…)

반복되는 하루는 단 한 번도 없다.

두 번의 똑같은 밤도 없고,

두 번의 한결같은 입맞춤도 없고,

두 번의 동일한 눈빛도 없다.

(…)

미소 짓고, 어깨동무하며

우리 함께 일치점을 찾아보자.

비록 우리가 두 개의 투명한 물방울처럼

서로 다를지라도…….

―「두 번은 없다」 부분(같은 책)

사람들 각자는 다들 나름의 삶의 길이 있다. 매 순간 일어나는 일들은 저마다 의미가 있다. 그 속에서 한 사회를 이루며 살아가는 사람들은 모두가 다를 수밖에 없다. 그런 다름 속에서 서로를 맞추어가고 있는 것이다.

편견 없이 각자의 개성을 존중할 때 이들로부터 사회 균형이 떠오른다는 사실을, 말로 설명하지는 못할지라도 우리는 몸으로 이미 느끼고 있다. 이런 진리를 다시 일깨우는 것은 순간의 폭풍 속을 묵묵히 걸어간 시인과 경제학자의 끈기다. 봄부터 가을까지 시 한 편을 두고 고민한 쉼보르스카나, 공개하기엔 부끄럽다며 죽기 전 눈앞에서 스무 권 가까운 저술을 불태운 스미스는 이런 끈기의 현인들이다.

참, 설령 같은 시대에 살았다 하더라도 두 사람이 교유하기는 어려웠을 것 같다. 애덤 스미스는 여성들을 무척 두려워해서, 일생 동안 사촌동생과 어머니 외에는 깊은 관계를 맺었던 여자가 없었다고 하니 말이다.

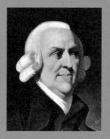

애덤 스미스 Adam Smith
1723~1790. 스코틀랜드 출신의 영국 정치경제학자. 경제학뿐 아니라 정치·사회학에서도 가장 많이 불려다니는 바쁜 사람이다. '보이지 않는 손'은 그의 저서 『국부론』 *An Inquiry into the Nature and Causes of the Wealth of Nations*에 딱 한 차례 등장한다. 자본주의와 자유무역의 기초가 되는 이론으로 쓰였지만, 그의 경제학설은 『도덕감정론』 *The Theory of Moral Sentiments*과 같이 읽을 때라야 진정한 빛을 발한다. 노동에서 가치가 생긴다는 그의 주장은 마르크스에게 큰 영향을 미쳤다.

비스와바 쉼보르스카 Wisława A. Szymborska
1923~2012. 폴란드 시인. 역사 속 개인의 실존을 명징한 언어와 풍부한 은유, 따뜻한 유머로 그려냈다. 1996년 노벨문학상을 받았다. 주요 시집으로 『끝과 시작』 *Koniec i początek*이 있다.

경제학도 시도 지향하는 것은 바로 '사람'

바실리 레온티예프, 에스텔 레온티예프 부부

히로나카 헤이스케^{広中平祐}라는 수학자가 있다. 헤이스케 부부는 한 사람은 피아니스트로, 다른 이는 수학자로 도타운 정을 나누며 해후하고 있단다. 그런데 각자의 분야만을 오랫동안 전공으로 삼은 사람들인지라, 두 내외 사이의 대화가 통할지 자못 궁금했다. 일상적인 대화 외에 일 이야기(?)도 나눌 텐데……. 무슨 말들을 하십니까, 하는 질문에 각자의 일에 관련해서는 서로의 용어를 알아듣지 못하지만 그 속뜻이 무엇인지는 다 이해하고 공감할 수 있다고 답해주었다. 그러니까 '각론'은 전혀 같지 않더라도 그 '본질'은 직관적으로 통한다는 설명인데, 일이관지^{一以貫之}라는 말이 절로 떠올랐다.

10월이 되면 노벨문학상과 경제학상 수상자가 알려질 때라서 은근히 가슴이 설렌다. 그런데 수상자 중에 시인과 경제학자 부부가 정말 있을까? 있다. 이념적으로 꽤 편향됐다는 비판(신고전파 경제학과 수리-통계적 분석에만 초점을 둔다는)이 있기는 하지만 그런 내외가 있다.

그 내외 중 한 사람이 바로 노벨경제학상 수상자이며 미국의 경제학계를 풍미했던 바실리 레온티예프$^{Wassily\ W.\ Leontief}$다. 그는 1973년에 노벨경제학상을 받았다. 시인 에스텔 막스(결혼 후의 성은 레온티예프)$^{Estelle\ Leontief}$는 평생을 그와 부부로 같이 보냈다.

바실리 레온티예프는 경제학 교수의 아들로 독일 뮌헨에서 태어났다. 유대계 러시아인인 그는 아버지를 따라 상트 페테르부르크에서 유년기를 보냈다. 열아홉의 나이로 러시아를 떠나(사실 러시아혁명을 피해) 베를린으로 갔다. 지도교수였던 베르너 좀바르트$^{Werner\ Sombart}$는 역사주의 경제학자로 초기에는 마르크스주의에 경도되어 있었다. 바실리는 그가 마르크스주의의 그늘 아래 있던 때 「잇따라 도는 흐름의 경제」라는 연구로 박사학위를 얻었다. 독일, 중국을 거쳐 1932년 미국 하버드대학교에 자리를 잡았고, 그 해에 시인 에스텔 막스와 결혼했다.

태생부터 미국인인 에스텔은 남편과의 인연으로 러시아 사람들에게 관심을 갖게 됐다. 그녀는 총 4권의 책을 펴냈는데, 그중 하나는 1939년 소련으로부터 망명 온 시댁 식구들을 만나면서 쓰게 된 『제니아와 바실리』*Genia and Wassily*였다. 기질적으로 다른 러시아 사람들과 미국 사람들의 갈등을 담은 책이다. 오랜 간호 일과 여러 다툼이 녹진하게 옮겨져 있는 이 책은 피곤함 속에 담긴 '삶'을 한 대가족의 이야기로 풀어내고 있다.

스물네 권 이상의 시집을 펴낸 에스텔은 기독신앙을 바탕으로 에머슨과 소로 등 초월주의에도 영향을 받은 시인 데니스 레버토프*Denise Levertov*와도 가깝게 지냈다. 에스텔의 시에서는 사람이 살아가는 곳을 바라보는 그녀의 따스한 눈길을 알 수 있다.

새벽 세시 소들이 슬픈 눈으로

화장실 창문을 뚫어지게 바라보자

나는 겁이 나서 "저리 가"라고 소리친다.

거대하고 달콤한 소들의 머리. 그들이 머리를 돌렸다가

내 소리를 들으러 다시 돌아볼 때 나는 또 소리치고

이내 발굽이 풀밭을 세게 두드린다.

8월, 흑파리가 물러가고 이른 비가 내린 후

너무 많은 친구들이 다녀가고 나서

나는 산시금치를 찾으러 들판에 나가

드넓게 펼쳐진 공간에 나를 숨긴다.

─「버몬트 들판에서」부분

그렇다, 사람은 자연 속에서 살아간다는 간단한 원리.

한편, 그런 틈바구니 속에서 남편 바실리는 선형계획법을 발전시켰다. 경제 운용을 선형문제로 단순화시켜 수리적으로 (비교적) 간단히 해결하자는 것이다. 본래 그는 계량경제학 중 '투입–산출 분석'을 주창해 노벨상을 수상했다.

바실리 레온티예프는 여러 산업부문의 거래관계를 격자의 표로 나타낸 산업연관표를 이용해 각 부문 사이의 원료 조달과 제품 판매 등을 요연하게 분석한다. 거시 요소인 정부·소비자·외국을 추가하면 국민경제 안의 재화와 용역의 잇따름을 파악할 수 있다. 그는 또 미국에서 자본이 노동보다 더 풍부했음에도 불구하고 실제로는 노농을 요하는 상품을 더 많이 수출하고 있음을 밝혀냈다. 이는 자본이 풍부한 나라는 자본집약적인 산업이 우위를 차지한다는 통설을 뒤집은 것이었다('레온티예프 역설').

우리 시대 평론가 김우창의 말대로 시는 "삶의 공통적 근거로 돌아가기를 호소하는 행위"일 것이다. 빗대어 말하자면 경제학은 개개의 삶이 만드는 사회의 공통적 근본을 돌아보는 행위가 아닐까? 비록 수리-통계적 기법을 차용하더라도 경제학은 결국 시가 지향하는 본령인 '사람'에게 렌즈를 들이대야만 제대로 된 이론을 내놓을 수 있기 때문이다.

아, 그러고보니 이 시인과 경제학자의 융합은 걸출한 외동딸 한 명을 세상에 내어놓았다. 그 이는 바로 작가이자 미술사학자인 스베틀라나 앨퍼스[Svetlana L. Alpers]다.

바실리 레온티예프 Wassily W. Leontief
1906~1999. 독일에서 태어나 소련을 거쳐 하버드대학에서 교편을 잡은 미국 경제학자. 노벨경제학상을 수상한 계량경제학자로서, '투입-산출' 모형을 발전시켰다. 산업연관표를 통해 한 사회의 경제를 여러 부문으로 나누어 그 안에 흐르는 자본의 관계를 정리했다. 이는 일반균형이라는 수리적이고 교과서적인 이론을 실제 경제상황에 적용했다는 면에서 매우 큰 의미를 갖는다. 주요 저서로 『미국 경제의 구조』*The Structure of American Economy* 등이 있다.

에스텔 레온티예프 Estelle Leontief
1908~2005. 미국의 시인으로 에머슨과 소로 등의 영향을 받아 자연주의적이며 초월적인 시를 썼다. 경제학자 바실리 레온티예프의 아내이자 미술사학자 스베틀라나 앨퍼스의 어머니이기도 하다.

국가와 개인은 계약으로 묶여 있다

다마리스 마셤과 존 로크

78%. 300명 국회의원들이 지난 18대 대통령 탄핵안에 찬성한 비율이다. 국민의 81%가 탄핵에 찬성한다는 여론조사와 비슷한 수치라서, 대의민주주의가 잘 작동했다는 평이 많았다. 그러나 오락가락했던 그 과정을 뜯어보면, 그것은 엄청난 수의 촛불들이 거리로 나섰기 때문임을 알게 된다. 우리가 이미 권리를 위임한 국회가 그 역할을 제대로 하지 못해서, 어쩔 수 없이 주권자들이 다시 팔을 걷어붙이

고 나섰다는 소리다.

대의민주주의의 원류는 국가의 형태를 결정하는 권력이 국민에게 있다는 국민주권이고, 이는 사회계약에 닿아 있다. 사회계약은 한 사회 안에서 구성원의 책임과 권리가 계약에 기반해서 만들어졌다는 이론으로, 루소와 로크, 홉스, 나아가 플라톤까지 이어진다.

존 로크John Locke는 경험주의와 계몽주의를 대표하는 철학자·정치가·의사(!)로, 근대경제학이 태동하기 전 17세기에 활동한 대표적인 정치경제학자다. 그는 재산의 형성에는 개인의 노동이 이바지한다고 보았다. 다시 말하면 재산의 원천이 토지가 아니라는 주장이다. 한 사람의 권리는 바로 이 사실에 기초해서 규정될 수 있었다. 그는 또한 노동의 결과물이면서 개인의 권리인 재산을, 썩는 형태가 아니라 보전하기 더 수월한 방편으로 삼는 것이 화폐라고 정리했다. 또 이러한 성격을 가진 자신의 재산이자 권리를 보호하기 위해 사람들이 국가를 만든다고 보았다. 그의 철학에서 국민경제, 사유재산, 그리고 개인 권리는 이렇듯 밀접하게 서로 맞물려 있었다.

'권리'에 대한 정의와 이전방법(계약) 면에서 생각해보면, 지금은 나뉘어 있는 정치학과 경제학이 기실 하나일 수밖에 없다는 점이 이해된다. 경제학자 로크의 이런 시각은 '변함 없는 인격'이라는 개념에서 출발한다. 시간이 지나도 '나'는 변치 않고 늘 같다는 뜻이다. 이렇게 정의됨으로써 개인의 재산과 상속을 다룰 수 있게 됐고, 공동체를 하나의 인격체라고 부를 수 있었으며, 마침내 국가와 개인의 관계를 계약으로 기술할 수 있게 되었다. 이런 개념을 정리하는 데 있어 로크는 한 시인과 영향을 주고받았다.

다마리스 마셤^{Damaris Masham}. 그녀는 처음으로 로크의 평전을 쓴 사람이다. 이 여성 시인은 다방면에서 로크와 동반자 같은 관계였다. 철학자를 겸했다는 면에서, 두 사람을 도반으로 불러도 좋겠다. 그녀는 17세기 여성주의 철학자로도 유명하다. 또한 마셤은 로크에게서 라틴어를 배우고 철학을 시작했다.

마셤의 아버지는 '케임브리지 플라톤'이라는 그룹에 속해 있었다. 이러한 이유로 로크는 마셤과 더불어 그룹과 개인에 대한 개념을 논하기도 했다. 케임브리지 플라톤의 리더격인 헨리 모어는 "우리가 분명히 볼 수 있는 영혼의 본성"은 "그것이 처음으로 빛날 때, 그 광선은 타올랐고 / 자유로운 빛으로부터 그 눈부신 날이 시작됐다"는 시를 썼다. 한 사람의 영혼인 빛이 곧 한 개인으로 만들어졌다고 갈파한 것이다.

대개 평이한(당시의 기준으로) 문장으로 시를 쓴 마섬도 행복을 추구하는 이성적이고 독립적인 개인으로 인간을 묘파했다.

> 모든 가혹한 의견은 여기서 멈추자.
> 그것은 무지와 오만의 소산이니
> 자선과 선의와 평화가 있는 곳은
> 어떤 차별로도 나눌 수 없다.
> 누구나 자유롭게 타인에게 선을 도모하는 곳에서
> 오만과 질투는 이해받지 못하리.
>
> —「죽음의 차가운 손」부분

두 사람은 1682년에 처음 만났는데 연인의 감정이 일어나기도 했던 것으로 보인다. 실제로 결혼 이야기도 오갔다고 하고, 연애편지도 주고받은 흔적이 있다. 그러나 로크가 홀란드(네덜란드)에 가는 바람에 결혼으로 이어지지는 못했다. 하지만 그는 말년에 몸이 아팠을 때 에식스에 있는 마섬의 집에서 생활했다. 그러면서 그녀의 아이를 가르쳤다.

재산과 권리를 지키고자 개인이 늘 도둑을 잡으러 다닐 수는 없다. 우리의 권리를 위임하여 누군가에게 행정을 맡기는 암묵적 계약이 성립된 이유이다. 그래서 개인이 따로 나서지 않아도 우리의 권리가 바르게 쓰이기를 바라며 그렇게 되리라 믿는다. 이러한 사회계약은 민주주의와 지금 우리가 향유하는 경제체제의 근간이 돼왔다.

두 사람이 논의했던 개인에 대한 정의, 그리고 사회계약은 국가와 우리가 계약으로 묶여 있음과 동시에 개인에게 저항의 권리가 있음을 강조하고 있다.

존 로크 John Locke
1632~1704. 영국의 경험주의 철학자. 정치경제학이 학문으로서 기틀이 잡히기 전, 경제를 연구의 대상으로 바라본 진짜배기 경제학자. 사유재산권을 신이 준 권리로 규정함으로써, 개인을 기초로 한 경제체제의 기초를 마련했다. 그 권리를 지키기 위한 사회계약의 원리를 고안했다. 그의 논리가 사유재산을 인정하는 체제와 민주주의가 맞닿는 시작점이라고 볼 수 있겠다. 주요 저서로 『인간 지성에 관한 시론』*The Essay Concerning Human Understanding* 등이 있다.

다마리스 마셤 Damaris Masham
1659~1708. 영국의 작가이자 여성의 교육을 옹호한 초기 페미니스트. 고등교육을 받지 못했으나 당대 석학들에게 뛰어난 지식인으로 인정받았다. 『신의 사랑에 관한 담화』*A Discourse Concerning the Love of God* 등의 저서를 남겼다.

사람들의 소비는,
그리고 소비행태는 비합리적이다

소스타인 베블런과 엘렌 롤프

우리는 옷도 짓고, 집도 짓는다. 또 밥도 짓는다. 이처럼 삶은 무언가를 짓는 데서 시작한다. '짓다'는 동사는 재료를 들여서 만드는 과정을 뜻한다. 짓는 일은 곧 생산의 은유다. 그런데 어떤 사람들은, 아니 요새 많은 이들은 과시적으로 소비하는 일에만 골몰하는 경향이 있다. 이들은 짓는 일을 하는 대신 가지고 있는 부에만 기대어 지낸다. 이른바 '유한계급'leisure class이다. 과시적 소비는 만드는 본능보다는 짜내는 본능이(!) 더 크게 작용하는 경우다.

미국의 제도주의 경제학자 소스타인 베블런^{Thorstein Veblen}. 그는 42세에 『유한계급론』을 발표한다. 그는 사람들 행태의 기초적인 틀을 본능이라고 불렀고, 이 본능은 결국 제도에서 비롯된다는 논지를 폈다. 생산본능이 좀더 적은 사람들, 즉 유한계급의 행동을 분석해 비합리적·과시적 소비의 근거를 설명했다. 나아가 이러한 본능과 제도가 사회를 지배할 경우 일어날 자본주의 사회 변화에 대해서도 일갈했다.

대개 시장의 운동원리를 연구해왔던 이전과 달리 그는 경제주체의 행동에 초점을 맞추었다. 소비자로서 사람들의 행동은 대개 비합리적이라는 점도 알아차렸다. 그는 소비자가 가진 소비와 구매의 기준으로 무의식적인 욕구를 꼽았다. 자신이 속한 계층을 표현하고 싶어하는 욕망, 성공하고 싶은 열망, 부자가 돼 사회 상층부에 속하고 싶어하는 욕구, 그리고 값비싼 무언가를 소지하고 자랑하고 싶은 욕심 등이 그것이다. 즉 빚을 얻어가면서도 사치품을 사는 '과시적 소비'의 근거는 모두가 '주인'이 되고 싶어하는 본능 안에 비합리적으로 자리하고 있는 셈이다.

베블런은 위스콘신주의 시골에서 노르웨이 이민자의 아

들로 태어났는데, 그의 가족은 부동산 투기꾼과 사기꾼 변호사에게 속아 거의 모든 재산을 잃었다. 당시 미국 동부 백인들은 노르웨이계 사람들을 흑인보다도 더 천시했다. 고생 끝에 그는 철학을 전공으로 박사학위를 마쳤는데, 일자리를 구하지 못했다. 사실 실업자가 된 내막에도 인종차별과 천시가 있었다. 그는 고향으로 돌아가 이 시점에 처음(!) 결혼한다. 신부는 엘렌 메이 롤프^{Ellen May Rolfe}, 시인이었다.

롤프는 중서부의 부유한 곡물유통업계 가문의 딸이었음에도 농민운동에 관심이 많았다. 대학신문사의 편집자로 활동했으며, 상당히 이지적이었다. 두 사람은 10여 년 연애를 하다 결혼했는데, 집안의 격차가 컸던 데다가 베블런이 실업자라서 주변의 반대가 상당했다.

이 시기 부부의 활동과 연구는 어릴 적 경험과 더해져 베블런의 이후 학문에 많은 영향을 미친다. 그는 불황이 심했던 당시 농작물의 가격 하락, 금융자본의 농민 착취 같은 문제를 연구하는 데 집중했다. 미국 사회의 변화를 바탕으로 일어났던 농민운동에도 깊은 관심을 기울였고, 나아가 사회의 이상향을 그려보기도 했다. 롤프와 함께했던 그 찬란했던 시절 덕에 베블런은 제대로 된 경제학자로 거듭나게 된다.

베블런은 공부에 매진해 추가로 경제학 박사학위를 받았고, 잠시 시카고대학에 자리를 잡는 듯했다. 그러나 안타깝게도 정규직으로 진입하는 데는 성공하지 못했다. 그의 학문이 갖는 주변적 성향 때문이 아니라 절제 없는 연애에서 비롯된 결과였다.

베블런의 문란한 여성 편력은 학문적 인정뿐 아니라 부부생활까지도 매우 위태롭게 만들었다. 시인 롤프는 여러 차례 대학에 그에 대한 항의편지를 썼으며, 정신적으로 베블런을 괴롭게(!) 만들었다는 이야기도 들린다. 부부는 그래서 자주 떨어져 살았고, 각자 갑상선 질환과 신경병을 앓았다고 전해진다. 롤프는 죽은 뒤 신체를 기증했는데, 부검의는 그녀가 정신지체를 앓았을 거라고 밝혔다.

끝내 얼룩지고 어두워진 시인과 경제학자 부부의 관계. 롤프는 고되고 짜증스런 삶과는 달리 무척 목가적이고 전원적인 시들을 펴냈다.

뜨거라, 뜨거라, 내 요람구름
달빛이 내 진주구름을 스친다

은빛 속에서

어스레한 데에서 떠다니는

지구-아이가 본다, 웃으면서

밤은, 너를 어찌 사로잡는가?

—「구름 속 바람의 노래」부분

롤프는 나중에 여러 편의 동화책을 쓰기도 했다. 그녀가 삶을 버티는 데는 시골의 경험과 사회 이상향에 대한 젊은 시절의 생각이 큰 몫을 했을 테다.

베블런은 제도주의 경제학과 소비행태에 대한 연구로 주류 경제학계에 이름을 남겼다. 문란한 생활 탓에 비록 끝이 좋지는 않았지만, 아내 롤프가 없었다면 그는 철학적 방향을 찾지 못했을 것이다.

분야를 막론하고 어떤 연구에도 기준은 필요하다. 그게 사회를 다루는 경제학이라면 더욱 그러하다. '잘사는 나라, 풍요로운 미국'으로 향하던 미국 사회의 비뚤어진 소비행태를 베블런이 천착할 수 있었던 것은, 이상적 사회의 모습을 마치 기름종이처럼 현실에 대어보고 비교해보았기 때문이다. 롤프의 시에 드러난 그 이상향 말이다.

소스타인 베블런 Thorstein Veblen
1857~1929. 『유한계급론』 *The Theory of the Leisure Class* 의 저자로 잉여의 과시가 내포하는 의미를 지적했다. 노르웨이계의 미국 경제학자로서 제도경제학의 시조 격이다. 경제행위는 다른 많은 행위들처럼 사회적 맥락에 입각해 분석되어야 한다고 주장했다. 사기로 땅을 잃고 집안이 미국으로 이민 온 터라, 불로소득자에 분노해 스스로를 고립하고 이방인으로 살았다. 이렇게 복잡했던 개인사가 그의 경제사상과 사회적 시각을 만들었다.

엘렌 롤프 Ellen M. Rolfe
1861~? 미국의 시인. 베블런의 아내로서 농민운동에 관심이 많았고 서로 영향을 주었지만 원만치 못한 부부생활 때문에 이혼하고 만다. 불행한 삶 가운데도 목가적이고 전원적인 시를 썼다.

'반역의 시학'과 '학문적 반역'

어빙 피셔와 레너드 베이컨

시는 반역이다. 시는 바로 고통받는 이들을 기리는 반역이다. "우리나라 꽃들은 대부분/3·1절과 4·19혁명기념일 사이에 피어난다.//꽃샘 잎샘 까탈이 아무리 거칠어도 그 사이에 꼭 피어난다." (윤효, 「우리나라 꽃들은」)

시는 이처럼 여태껏 자연을 바라보던 우리의 순진한 눈을 날카롭게 그러나 가슴 뜨겁게 배반한다.

미국의 시인 레너드 베이컨Leonard Bacon도 자기 세계에서

'반역의 시학'을 단단히 닦은 사람이다. 1900년대 초반 대부분의 미국 시는 소재와 표현 모두에서 청교도 윤리와 그 사상을 벗어나지 못했다. 베이컨은 근엄한 청교도의 주제를 따를지라도, 더 강렬한 표현을 사용했고 특히 감정을 드러내는 데 충실했다.

> 물웅덩이의 움직이는 검은 대리석 위 제비꼬리나비
> 물 위로 쏜살같이 내려앉는 날개 소리,
> 발랄한 주정꾼 같은 그 소리 들을 수 있다.
> 태양처럼 그을리고 노랗고 목마른 소리.
> 비밀스런 키스의 소리로 나비가 다시 내려앉는다.
> 밝은 날개를 평평하게 하고
> 흐름에 만족해하며 달콤한 황금빛 탈진을 향해 떨어진다.
> 그러고는 다시 생기를 찾아
> 공기와 위험과 빛의 세계로 새롭게 날아오른다.
>
> ―「선덜랜드 함락」 부분

시인 베이컨은 세상을 풍자하는 데도 관심을 두었다. 미국에선 잘 알려진 그의 풍유시집 『선덜랜드 함락』 *Sunderland*

^{Capture} 은 청교도 정신에 방점을 두었지만 자연의 아름다움
과 개인의 느낌을 솔직하고 자연스럽게 표현해, 기존 질서
를 따르지 않는다는 비평을 받았다. 이런 평으로 말미암아
그는 1941년 시 부분의 퓰리처상을 받았다.

시인은 미국 동부 뉴잉글랜드에서 자란 후 코네티컷의
예일대학교에서 공부했다. 아버지는 사업가였는데 아주 지
적인 사람이었다. 그런 아버지와 무척이나 친한 데다 다방
면에 조예가 깊은 사람이 그의 곁에 또 하나 있었으니 바로
어빙 피셔 $^{Irving\ Fisher}$ 다.

피셔는 베이컨의 어머니를 통해 가족의 연을 맺은, 시
인의 이모부이다. 피셔는 예일대에서 경제학을 가르치던
학자로, 지금 우리에게는 화폐수량설로 유명한 사람이다.
1867년 뉴욕에서 태어난 피셔는 예일에 경제학과가 없던
시절에 공부했다. 본래 시와 문학, 수학에 관심이 많았다.
경제학을 전공하는 그의 지도교수는 사회학자 섬너 $^{William\ G.}$
^{Sumner} 와, 놀랍게도 물리학자 깁스 $^{Josiah\ W.\ Gibbs}$ 였다. 깁스는
볼츠만, 맥스웰과 함께 개개의 입자들이 가지는 관계에서
전체의 평형상태를 이해하는 통계역학을 창시한 학자다.
깁스의 제자로 자연과학의 묘사방법을 체득한 피셔는 물

리학과 수학의 언어로 사회를 이해하고자 했다.

피셔는 사회과학의 한 분파인 경제학을 정밀과학으로 만들겠다는 '학문적 반역'을 감행한다. 숫자로 나타내기 비교적 쉬운 상품의 수요와 화폐를 물리학의 분석 대상인 속도, 질량, 힘 같은 개념으로 비유했다. 가속도와 힘, 질량의 관계를 묘파한 뉴턴처럼 그는 화폐량이 물가수준을 결정한다는 법칙을 만들었다. 화폐수량설은 화폐공급과 가격수준이 정비례한다는, 곧 사회에 돈이 늘어나면 물가가 상승한다는 가설이다.

이모부와 조카의 관계는 피셔가 베이컨의 아버지와 약 40여 년 간 교분을 쌓으며 나눈 편지를 통해서도 잘 드러난다. 피셔는 베이컨의 시를 읽고 칭찬하며, 계속 쓰기를 권했다. 둘의 관계는 돈독했고, 시와 문학, 사회 전반의 이야기를 주고받았다. 시인의 열정이 마음 한구석에 남아 있던 피셔는 시인으로 커가는 베이컨을 대견해했다. 베이컨도 피셔와 교류하면서 시와 문학을 향한 갈증을 풀었다. '물음'과 '의심'이 기본인 학문의 반역에 비춰 시도 곧 반역임을 느꼈을 게다.

그러나 피셔는 그의 연구대상이었던 금융시장에 결국

배반을 당한다. 1929년 검은 목요일의 증시 붕괴 이후, 피셔는 회복을 낙관하다 결국 엄청난 빚을 지게 됐다. 피셔의 현실적 실패는 젊은 날과 달리 그가 자신의 고집에 매달려 물음과 의심을 게을리한 탓이었다. 성공에 안주하면서 학문적 반역을 일으킨 젊은 시절의 패기가 시들해진 것이다.

물론, 이런 실패에도 불구하고 그의 연구와 힉설은 후대 학자들에게 현대 경제학의 본류로, 조카에게는 시적 반역의 용기로 도도히 흐르고 있다.

어빙 피셔 Irving Fisher

1867~1947. 미국의 대표적인 계량경제학자. 예일대학교에서 최초로 경제학 박사를 받았다. 근대 경제이론을 개척하여, 현대경제학의 중요한 뿌리를 만들었다. 실물시장과 화폐시장을 연결하는 화폐수량설을 제시했고, 주식시장의 활성화에도 큰 영향을 끼쳤다. 1929년의 대공황을 전혀 예상하지 못했던 탓에 본인의 주식투자에 완전히 실패한 사례는 많은 경제학설사가들 사이에서 회자되고 있다. 『화폐의 구매력』*The Purchasing Power of Money* 등의 저서를 남겼다.

레너드 베이컨 Leonard Bacon

1887~1954. 미국의 시인이자 평론가. 예일대학을 졸업하고 캘리포니아와 버클리에서 학생들을 가르쳤다. 1941년 풍자시집 『선덜랜드 함락』*Sunderland Capture* 으로 시 부문 퓰리처상을 받았다.

사회적 복지, 목적이 같아도
방법이 다르면 같아질 수 없는 것

바실 번팅과 라이오넬 로빈스

어떻게 하면 경제학과 더 가까워질 수 있을까? 무척 간단 (?)하다. 경제학자처럼 생각하면 된다. 경제학은 수리분석을 위해 처음부터 논리적 가정을 하나하나씩 쌓아가며 논의를 펼친다. 그러니까 논리적으로 이미 존재하는 여러 명제들을 마치 레고 블록 쌓듯이 올려가야 한다. 일단 블록이 맞춰져야 다음 단계로 나아갈 수 있다는 점을 상상해보자.

그래서 다른 사회과학에 비해 경제학에는 마치 정답이 있는 듯 보인다. 경제학자처럼 생각한다는 말은 이런 단계들을 밟아가며 사람과 세상을 해석한다는 뜻이다.

모든 경제학원론 교과서 첫머리에는 경제에 대한 이런 정의가 나온다. "다른 쓸모를 갖는 희소한 수단과 목적 사이의 관계로서 인간의 행동을 연구하는 과학." 경제학의 출발이 되는 이 말은 영국 경제학자 라이오넬 로빈스Lionel C. Robbins가 만들어내 자신의 책에서 소개했다. 연구대상에 초점을 두기보다 분석방법을 강조한 말로, 행동을 어떻게 바라보아야 하는지를 규정한다. 이를 디딤돌 삼아 '경제학'은 분석방법과 그 연구대상을 차츰 넓혀갔다.

런던 서쪽에서 농부의 아들로 태어난 로빈스는 런던대학교를 다니다 1차 세계대전에 참전했다. 그 후 런던정치경제학교LSE에서 경제학을 공부했다. 유럽 대륙에서 활동한 수리경제학자들에게서 많은 영향을 받았고, 그래서 그를 오스트리아학파로 일컫는다. 그의 주요 연구 분야는 경제학 논지의 변화와 역사를 탐구하는 경제학설사이기에 1932년 저작에서 그는 경제학의 출발이 어디인지를 단단히 정의할 수 있었다.

로빈스가 그 학문의 역사를 공부한 까닭은 문학을 동경했던 그의 유년에서 찾을 수 있다. 어머니는 시에 몰두했고, 그는 콜리지, 키츠, 셸리, 괴테 등의 영향을 많이 받았다. 그 시절 단 하나의 꿈은 시인다운 시인이 되는 것이었다고 그는 술회했다. 주변 친구들은 대부분이 시인이었다.

현대시의 선구자로 알려진 시인 바실 번팅^{Basil C. Bunting}도 런던정치경제학교에서 공부했다. 이 시기 그와 로빈스는 가까워졌고, 얼마간 같이 살기도 했다. 시인 에즈라 파운드에게 쓴 편지에서 번팅은 "내가 학교 가기 전 그를 만났고, 같이 여기로 가자고 설득했네. 비록 반감을 갖게 되긴 했지만 (사회신용·기본소득을 주장한) 클리포드 더글러스에게 관심을 둔 유일한 사람이었어. 처음 T. S. 엘리엇의 시를 보여줬고, 그대의 시를 좋아했고 아마 지금도 그럴 거네"라며 로빈스를 소개했다. 퀘이커교도로 자란 번팅은 파시즘에 반대하고 평화를 지향하여, 1차 세계대전 때는 군에 가지 않아 감옥에서 지냈다. 북유럽 여행을 다녀온 번팅은 결국 학교를 그만두고, 시와 사회개혁, 진보에 인생을 던졌다.

경제정책을 구체적으로 설계하면서 번팅과 로빈스는 결국 다른 방향으로 나아간다. 여기에는 평화주의를 좇는 퀘이커 교육으로 형성된 번팅의 성품도 영향을 미친 것으로 보인다. 둘 사이에서는 특히 복지를 풀어내는 관점이 달랐다. 오늘날 경제학자 로빈스는 정부 개입이 적은 것이 낫다고 하는 신고전학파로 분류되고 있다.

번팅은 다섯 장으로 구성된 긴 시 「브릭플랏츠」를 썼다. 퀘이커들이 모이던 장소^{Briggflatts}에서 유래하는데, 여기에는 '자서전'이라는 부제가 붙어 있다.

부식^{腐蝕}은 칼을 찌르고,
밀은 배설물 위에서 자란다.
떨면서. 원래 그들은 떤다.
혀는 비틀거리고, 귀는 실수를 범한다.
봄을 두려워하므로.
돌을 모래로 문지르자,
젖은 사암^{沙巖}에서
거친 것들이 떨어져 내린다.
손가락들이 문질러진 돌 위에서 아프다.

석공이 말한다: 돌은

우연히 있다.

아무도 여기 빗장을 치지 않는다.

사랑은 정말 아프다.

그의 시는 내용만큼 운율도 아름다워 소리 내어 낭독하기가 좋다. 실제로 그의 시를 담은 노래와 음반이 나오기도 했다.

참고로, 로빈스의 『경제학원론』에서 경제학의 '정의' 다음에는 이런 말이 나온다. "사람의 욕망은 무한하지만 그를 충족하는 재화는 희소하여 경제문제가 발생한다." 곧 주어진 문제를 해결하려는 최적화는 '극대화'를 답으로 갖는 선택의 문제가 돼버렸다.

시인이 되고자 했던 경제학자 로빈스, 그리고 사회를 개혁하려던 시인 번팅. 안타깝게도 두 친구는 꿈꿔왔던 사회를 구현하는 방법에서 생각이 달랐다. 문제를 어떻게 정의하는가가 가장 중요한 이유였을 게다. 그러니까 해법이란, 문제를 바라보는 눈에 의해서 이미 결정된다는 그 말이 맞다.

라이오넬 로빈스 Lionel C. Robbins
1898~1984. 영국의 신고전파 경제학자. 런던정치경제학교LSE의 교수로, 제본스나 왈라스 같은 한계혁명 수리경제학자들의 연장선에 있는 그는, 경제학이란 인간 행동의 '과학'이어야 한다며, 합리적 '선택'으로서 경제학을 정의했다. 즉 '경제학은 최적화와 균형'이며, 수리모형에 기초해 행동을 예측할 수 있는 과학이라는 것이다. "인간은 가질 수 없는 것을 갈망한다"는 말로도 유명하다. 주요 저서로 『경제학의 본성과 중요함에 대하여』 *Essay on the Nature and Significance of Economic Science*가 있다.

바실 번팅 Basil C. Bunting
1900~1985. 영국의 모더니즘 시인. 모더니즘 전통의 큰 수확이라 평가받는 시집 『브릭플랫츠』 *Briggflatts*를 출간하여 명성을 얻었다. 음악에 관심이 많아 시에서 소리의 중요성을 강조하였다.

균형을 통찰하며 '인간성'을 중시했다

알렉산더 그레이

"파리 땅 아래에는 또 하나의 파리가 있다."

몇 년 전 화제가 됐던 '레 미제라블'의 한 구절. 장발장이 부상당한 코제트의 연인 마리우스를 들쳐업고 찾은, 파리의 그 하수도를 가리키는 말이다. 2,000km가 넘는 하수도는 도시 아래 자리잡은 또다른 도시인 셈이다. 같은 땅에 놓인 두 도시를 드나들기 위해서는 서로를 잇는 문을 통과해야만 한다.

사람들이 모여서 만든 도시가 이럴진대, 사람 자체는 오죽하겠는가? 한 사람의 생각도 이와 마찬가지로 도화지에 여러 결의 그림으로 그려지고, 이들 사이를 드나들 때 마음의 문을 통과해야만 하리라. 한 시인은 소설을 쓰려면 평소와 다른 음악을 듣거나 다른 그림을 보면서 분위기를 바꿔야 한다고 했다. 마음속 다른 도시로 가는 문을 두드리는 것이다.

시인 알렉산더 그레이^{Alexander Gray}는 자신 안의 두 도시를 넘나드는 감수성이 누구보다 예민했다. 그는 저명한 경제학자이면서 좋은 시도 많이 남겼는데 스스로의 월담행각(?)을 무척 즐겼다(게다가 작곡가이기도 했다!). 스코틀랜드의 작은 마을에서 태어난 그는 수학과 경제학을 공부했다. 언어능력이 남달라 청년시절에 독일 괴팅겐과 프랑스 파리에서 지냈고, 이 덕택에 영국 정부의 반독일 선전부에서 일하기도 했다.

경제학은 '인간성'을 중시해야 한다고 주장한 그의 대표적인 저서는 경제학설사 분야의 명저 『경제원칙의 발전』 Development of economic doctrine이다. 그리스·로마 시대부터 스미스와 튀넨, 고전파를 거쳐 마르크스와 오스트리아학파에 이르는 학설의 변화를 시대상에 비춰가며 추적했다.

그레이는 스코틀랜드를 대표하는 '유명인'이기도 하다. 그의 시 「스코틀랜드」의 넷째 연은 의사당 캐논게이트 벽에 걸려 있다. 이 시는 "여기 이 구릉지에 / 흙은 우리를 배신한다"로 시작하지만 "습지와 황무지는 / 사라지지 않아야 한다"며 넷째 연으로 흘러간다.

이것은 내 나라다.
나를 낳은 땅
바람 부는 이 공간은
바로 나 자신이다.
고생하는 사람들
얼굴에 땀이 흐르는 이들은
내 몸의 살이고
내 뼈의 뼈다.

영국 신문 『텔레그래프』는 2016년 스코틀랜드를 제대로 묘사한 서른다섯 개의 시와 경구를 꼽았는데, 그 목록에는 이 시도 들어가 있다. 그의 시는 스코틀랜드와 그곳 사람들의 정서를 잘 담았다고 평가되는데, 그래서 사람들은 경제학자보다는 시인으로 그를 더 잘 기억한다.

비교적 자유주의자에 속하지만, 그레이의 글은 전체를 균형 있게 다루고 사안의 전후 맥락을 잘 파악하는 것으로 유명하다. 앞서 말한 『경제원칙의 발전』 역시 그런 면에서 호평을 받았다. 학설이 이어지는 앞뒤의 상황과 맥락을 잘 포착해서 한 학설의 단면만을 부각하거나 왜곡하지 않았다. 전체와 순간을 동시에 파악하는, 시인으로서 그가 가진 눈이 길잡이가 되었을 터다.

만년에 그는 애덤 스미스를 다룬 논문을 낸다. 그 논문은 "전통적으로 애덤 스미스는 모든 자유무역의 아버지로 여겨져왔다"로 시작해서, 『국부론』 이전에 출간된 『도덕감정론』이 가진 의미까지도 되새긴다. 그는 『국부론』에서 단 한 번 나오는 '보이지 않는 손'을 타인에 대한 윤리를 빼고 이해하면 안 된다고 힘주어 설명한다. 경제학의 본령은 도덕임을, 서로가 서로를 배려하는 그 마음임을 꼬집은 셈이다.

그는 제자들에게 글쓰기와 말하기를 자주 연습하라고 권했다. 글과 표현, 그리고 안목의 중요성을 체득했기 때문이다. 여러 노벨상 수상자들은 그 스승도 노벨상 수상자였

다는 통계가 있다. 이런 것처럼, 그레이의 제자인 미국의
케네스 볼딩 또한 시인이자 경제학자가 되어 여러 시와 논
문을 우리에게 전하고 있다.

알렉산더 그레이 Alexander Gray
1882~1968. 스코틀랜드의 시인이며 경제학자. 현실에 참여한 숱한 경제
학자들처럼 공무원으로도 일했다. 본래 수학을 전공하다 독일 괴팅엔과 프
랑스 소르본 대학에서 경제학을 공부했다. 특히 애덤 스미스의 삶과 교리에
관한 연구가 유명하고, 경제학설의 역사를 연구하며 현실이 어떻게 경제학
이론의 영향을 받는지를 규명하려 노력했다. 주요 저서로『경제원칙의 발
전』*Development of Economic Doctrine*이 있다.

사람들의 생각, 효용의 관점으로 읽다

프랜시스 이시드로 에지워스와 토머스 로벨 베도스

경제학을 본격적으로 공부하면, 정말로 많은 수식을 만날 수밖에 없다. 경제신문에서 보는 것과 같은 이야기는 없고 대개 수식들이다. 사회현상을 분석하기 위해서 수학이라는 언어가 반드시 필요한 까닭이다. 근현대 경제학의 이런 전통(?)은 지금은 미시경제학으로 불리는 분야에서 시작됐다.

경제학과 학생들 혹은 행정시험을 준비하는 사람들이라

면 '에지워스 상자'를 피해갈 수 없다. 에지워스 상자의 개념은 다음과 같다. 여기 두 사람이 있다. 이 둘은 서로의 효용을 줄이지 않으면서 상품을 교환한다. 교환이 일어나는 점들을 이은 선을 계약곡선이라고 하는데, 이는 누군가의 효용을 증가시키기 위해서 다른 사람의 효용을 줄이면 안되는 상태(그러니까 모두의 효용이 최대로 만족된 상태)를 말한다.

경제학자 프랜시스 이시드로 에지워스^{Francis Ysidro Edgeworth}는 수리물리학처럼 '수리윤리학' 혹은 '수리경제학'도 가능하다고 처음 주장한 사람이다. 물리학의 최대(최소) 에너지 원리처럼, 각 개인들이 자신의 만족을 최대화하는 사회가 효용의 총합을 최대로 만들 수 있다고 보았다. 거기에 기초해 개인들이 어떻게 교환할 대상을 선택하는지를 연구했다. 그 결과 수학(특히 미분적분학)을 이용하여 사람들 사이의 교환과 계약을 중재하는 원리로서 '수리윤리학'을 창안했다.

그의 고향은 에지워스타운이라는 아일랜드의 마을이다. 에지워스라는 성을 가진 영국 이주민들이 모여 살던 집성촌이었다. 에지워스의 할머니는 그의 할아버지의 넷째 부인이었다. 그럼에도 첫째부터 셋째 할머니의 가족들까지 비교적 화목했던 것으로 알려져 있다. 특히 첫째 할머니 쪽 사람들과 가까웠고, 에지워스의 아버지는 그 쪽의 외손자인 시인 토머스 로벨 베도스[Thomas L. Beddoes]와 무척 친하게 지냈다.

베도스는 에지워스의 아버지에게는 여섯 살이 많은 조카이자, 에지워스에게는 마흔 살이 많은 사촌형이었다. 에지워스의 아버지는 많은 시를 썼는데 윌리엄 워즈워스를 비롯하여 그에게 많은 격려를 해준 사람은 조카인 베도스였다. 아버지는 에지워스에게 시를 자꾸만 접하게 했고, 그도 시를 좋아했다.

베도스는 낭만파 시인으로 분류되지만, 사람에게 관심이 많았고 공리주의를 굳게 믿었던 시인이었다. 베도스의 시는 사유의 폭이 넓고 표현이 풍부하다는 평을 받는다. 무엇보다 사람의 생각에 관심이 많아서 왜 정신이 생겨나는지를 분석하고자 의학을 공부했다. 그는 생각과 정신의 힘을 믿었다.

제비는 둥지를 떠난다.
영혼이 지친 가슴을 떠나듯

그러나 비는

내 무덤에

순수하게 떨어진다. 그런데 왜 불평하는가?

왜냐하면 그 둘이

물결 위로 다시 오기 때문이지.

바람과 죽은 잎, 눈은

서둘러 이리저리 흩어지고

또 한번, 한낮이

물결 위에서 부서진다.

유령의 폭풍이 흔들어댈 때

그들이 죽은 자들을

무덤에서 깨울 때까지.

—「제비 둥지를 떠나다」 전문

인간의 정신과 그 가능성을 믿은 시인의 이런 태도는 에지워스에게 전해졌다. 본래 시와 문학을 좋아했던 에지워스는 아버지로부터 사촌형의 이야기를 듣고 그의 편지를 받으면서 비슷한 주제에 관심을 둔다. 베도스의 시를 읽으면서 정신을 분석하려고 했고, 만족 혹은 효용의 관점에서 정신을 '수량'으로 바꾸어 '수학'으로 해석할 수 있다는 사실에 매혹됐다. 그의 주저 제목은 바로 『수리정신학』이다.

아이러니하게도 시인 사촌형과 경제학자 동생은 그들의 사회관과는 반대되는 삶을 살았다. 정신의 힘을 믿었던 베도스는 그의 시에 드러난 것처럼 약간 음울한 성격에 떠돌이였으며, 자살로 생을 마감했다. 인간을 '최대의 만족을 추구하는 물리적 기계'로 본 에지워스도 베도스와 비슷했다. 은둔하여 살았으며 무언가를 소유하는 기쁨은 거의 누리지 못했다.

어떤 대상을 가만히 이해하고 분석하는 삶. 그것은 무언가를 만들고 사용하는 일과는 분명히 달라 보인다.

프랜시스 이시드로 에지워스 Francis Ysidro Edgeworth
1845~1926. 아일랜드에서 태어난 영국 경제학자. 현대 미시경제학의 아버지. 본래 고전문학과 법학을 공부했다. 한계혁명의 시조인 제본스의 이웃으로, 경제학과 통계학을 독학했다. 실증연구보다는 이론연구에 많은 업적이 있다. 대표 저서 『수리정신학』 *Mathematical Psychics* 이 말해주듯, 미적분학을 이용해 사람들의 경제적 선택을 분석했다. 나중에는 확률과 수리통계학으로 관심을 옮겨 여러 기여를 했다.

토머스 베도스 Thomas L. Beddoes
1803~1849. 영국 브리스톨에서 태어나 옥스퍼드에서 공부했다. 낭만파 경향의 시를 쓰면서도 인간의 정신과 그 가능성을 깊이 신뢰하는 경향을 보여주었다. 사후에 시선집이 출간되었다.

헛된 인간의 욕심이 드러난 주식시장, 관찰자로 다가가다

루이 바슐리에와 포르-뮤

세상엔 여전히 알쏭달쏭한 것들이 많다. 그중 오늘날 대표적인 것을 꼽으라면, 주식시장을 들 수 있겠다. 우리는 가격이 어찌 변할지 예견할 수 없다. 그런데 그 시장은 오히려 미래와 예측을 반영하고 있다. 오죽하면 북한이 미사일을 쏘고 난 연후 전쟁 가능성을 점칠 때 주식시장 지표의 변동을 보라는 말이 있겠는가? 주식시장의 행태를 이해하고 나아가 예측하려는 노력은 100년이 넘었다. 주식과 거래시장은 비록 사람이 만들어낸 창조물이지만, 그 거동을 정확히 이해하는 사람은 없다. 그 점은 2013년 노벨경제학상 수상자들만 보아도 알 수 있다. 당시 노벨상은 주식시장 분석방법을 고안한 사람을 비롯해서, 주식시장에 모든 정보가 즉각 반영된다는 가설을 주장한 이와 논박한 사람 셋 모두에게 나누어 수여됐다.

주가의 움직임을 예측하려고 처음 시도한 사람은 프랑스의 루이 장-밥티스트 바슐리에^{Louis Jean-Baptiste A. Bachelier}. 당대 최고의 수학자 푸앵카레^{H. Poincaré}를 스승으로 모시고 학위논문 『투기이론』^{Théorie de la spéculation}을 쓴 인물이다. '복잡한' 현상을 추상화하여 '단순한' 결론을 이끌어내는 과정과 통찰이 돋보였다.

당시 식물학자 브라운^{R. Brown}은 물에 뜬 꽃가루가 마구잡이로 움직이는 현상을 발견했다. 바슐리에는 여기에 착안하여 주식가격의 변동을 설명했다. 그는 마치 술에 취한 사람이 아무렇게나 움직이듯 꽃가루나 주가도 마구잡이로 움직인다고 보았다(이런 설명은 분자운동을 대상으로 한 아인슈타인의 설명보다 5년이나 앞선다). 그러나 이리저리 움직이는 취

객도 결국 집을 찾아가는 것처럼, 바슐리에는 일정한 시간이 지나 특정한 가격에 다다르는 확률을 계산하여 종 모양의 정규분포를 얻어냈다. 여기에는 예측 가능한 모든 정보가 주가에 반영되므로 주가는 마구잡이로 움직인다는 함의가 담겨 있다. 그래서 주가의 변화를 예측하는 것은 근본적으로 불가능하다고 결론지었다. 투기자의 수리적 기댓값은 0이며, 이건 공정하다고 말했다. 설령 주가를 설명할 수 있다 해도 그 설명 자체가 변화의 또다른 요인이 된다는 점도 지적했다.

현대 금융이론의 기초가 된 바슐리에의 이론은 처음에는 주목받지 못하고 금세 잊혔다가 그의 사후 20여 년이 지나서야 비로소 의미가 밝혀졌다. 주목받지 못했던 이론만큼 그의 삶도 고달팠다. 양차대전으로 징집당하는 통에 정년보장 교수직을 번번이 놓쳤다. 고등학교를 졸업하자마자 부모님이 세상을 등진 탓에 동생들도 돌봐야만 했다. 그러나 본래 그는 비교적 유복한 집안 출신이었다.

그의 외할아버지 장-밥티스트 포르-뮤^{Jean-Baptiste Fort-Meu}는 시인이자 은행가였다. 바슐리에의 가족은 포르-뮤의 은행이 자리한 르 아브르^{Le Harvre}에 살았고, 어린 그는 어머니를 따라 자주 외할아버지를 만났다. 르 아브르는 대서양을 면하고 센 강의 끝자락을 품고 있어, 여러 화가들의 본거지 이기도 했다. 또한 지리적 특성상 프랑스의 큰 무역항이었 다. 이곳에선 다양한 사람들을 관찰하기 좋았고, 바다의 위 엄을 느끼기에 모자라지 않았다.

시인 포르-뮤는 자연의 경이로움을 발견하고 그 의미를 찾는 사람을 좋아했다. 그리고 그런 노력을 특히 높이 샀 다. 관찰가로서, 또 시인으로서 그는 고요 속에 들리는 외 침에 귀기울이려 했다.

자연의 장관 앞에서도
가장 의심이 많은 그대들이여,
영혼이 여전히 맑다면
믿고 존경하라, 그리고 그의 무릎 앞에 다가가라.
　　　　　　　　　　　　—『극적인 대화와 시문』중에서

콜럼버스의 발견을 노래하면서도 "발견한 것들에 무슨 일이 있어났는가/그 뻔뻔함으로 무엇을 채웠는가?/ 헛된 꿈! 그리고 선원들/그의 주변에서 불평하며 약속이나 해대는 그런"이라면서 세상의 행태에 탄식하고 삿된 욕심을 비판했다.

시인 포르-뮤는 손자에게 세 가지를 물려주었다. 우선 자신의 이름을 주었고, 금융가로서 돈의 움직임에 대한 관심을 주었다. 그리고 복잡함 속에서 한 가지 진실을 추상하는 시적 표현의 힘을 전해주었다.

루이 바슐리에 Louis Jean-Baptiste A. Bachelier

1870~1946. 수리 금융경제학의 시초 격인 프랑스 경제학자. 수학을 전공한 그는 '브라운운동'이라는 확률과정을 처음으로 모형화했는데 이는 아인슈타인보다 5년이나 빠른 것이었다. 유명한 수학자 푸앵카레의 제자로, 그의 학위논문은 금융 연구에서 고급 수학을 사용한 최초의 학술출판물로 기록되었다. 현대경제학의 대부 사무엘슨(P. Samuelson)이 그의 연구에 경의를 표했고, 효율적 시장가설의 근간으로 삼았다. 『투기이론』*Théorie de la spéculation* 외 여러 책을 썼다.

장-밥티스트 포르-뮤 Jean-Baptiste Fort-Meu

?~1878. 시인이자 은행가로 경제학자 루이 바슐리에의 외할아버지다. 항구도시 르 아브르에 살면서 모험에 나서는 인간들을 작품에 담았다.

성장과 행복, 방법과 목적, 서로 다른 눈

클로드-프레데릭 바스티아와 알퐁스 드 라마르틴

2017년 여름, 미국은 한·미 자유무역협정^{FTA}을 개정하자고 제안했다. FTA는 국가 간 상품 등을 교역할 때 관세를 철폐하자는 목적을 갖고 있다. 무역장벽을 없애면 생산성이 높아진다는 주장은 시장의 자유화, 규제완화, 노동의 유연화 등을 중시하는 신자유주의와 밀접하게 연결돼 있다. 이러한 신자유주의는 정치적 수단으로 교역대상이 되는 나라의 시장을 열어젖히고자 한다.

프랑스의 클로드-프레데릭 바스티아^{Claude-Frédéric Bastiat}는 자유무역의 맨 앞에 선 경제학자이자 저 유명한 '기회비용'을 고안한 학자다. 어떤 생산물의 비용을 그 때문에 단념한 다른 생산기회의 희생으로 보는 경제개념 말이다. 정부의 개입을 간섭으로 해석하는 신자유주의 진영에서는 지금도 바스티아를 사상적 아버지로 여긴다. 자유주의 경제학자 하이에크는 그를 천재 경제학자·평론가로 높이 평가했다.

보호무역에 대한 바스티아 특유의 풍자는 꽤 유명하다. 대표적으로 '양초업자의 청원서'를 꼽을 수 있다. "태양이 부당하게 빛을 독점하고 있는 까닭에 사업이 안 되어 우리들이 고통을 겪고 있습니다. 따라서 정부가 태양을 가리는 규제를 만들어주면 우리의 사업이 좀더 잘될 것입니다"라며 정부개입을 비꼰다.

1848년 프랑스의 2월혁명은 오를레앙 왕조를 무너뜨리고 새로운 변화를 몰고왔다. 프랑스 제2공화국이 세워지고, 의회에 진출한 바스티아는 자유주의와 자유무역에 관련된 정책을 세웠다.

알퐁스 드 라마르틴^{Alphonse de Lamartine}은 바스티아의 정계

와 행정부 입문을 적극 도운 사람이다.

그는 공화국의 수반을 지내고, 대통령 선거에도 나간 바 있는 낭만파 시인인데 첫 시집 『명상』 _Méditations poétiques_ 은 프랑스 낭만파 시인들의 교과서나 다름없다. 시에 대한 그의 열정은 대단했고, 시도 아주 인기가 많았다. 리스트가 작곡한 교향시 「전주곡」의 악보에도 한 편이 실려 있다. "우리 인생은, 아직 알지 못하는 어떤 노래의 전주곡이 아니겠는가? 엄숙한 그 시작은 죽음이 읊는 소리."

서른살에 그는 사랑했던 여인에게 바친 시들을 묶어 『명상』을 엮었다.

사랑할지라. 사랑하고, 우리가 느낄 수 있을 때 느끼라
시간은 달리고 있다.
사람에겐 닻을 내릴 항구가 없고, 시간에는 기슭이 없다.
모든 시간은 그저 흐르고 우리도 사라져
(…)

징징거리는 바람과 한숨짓는 갈대,
당신 절벽과 숲 사이로 내뿜는 가벼운 향기

우리가 듣고보고 숨 쉬는 모든 것

그들 모두에게 말하게 하라

"우리는 사랑했다!"고.

—「호수」부분

그는 이렇게 거시적인 사회의 변화보다는 미세한 개인의 감정에 집중했다. 예루살렘에 갔을 적에도 그는 예수가 최후에 느꼈을 인간적 고뇌와 인류를 위한 숭고한 사랑에 더 많이 공감했다.

그러나 시간이 흐른 후 안타깝게도, 아니 어쩌면 자연스럽게도 시인과 경제학자는 서로 갈라선다. 정치에 몸담고 있었지만, 시인의 감성을 그대로 지닌 라마르틴은 노동자들의 어려운 상황에 공감했기에 정부의 개입을 요청하려 했다. 그러자 자유주의자인 바스티아는 격하게 반대했다. 그 반대 탓이었는지, 나폴레옹 3세가 득세하고 시인은 자기 자리를 내놓을 수밖에 없었다. 이후 자본주의는 더욱 공고해지고, 라마르틴은 정치인의 길을 포기한다.

변화가 많았던 프랑스 근대 시기에 일군의 정치가들, 학자들, 문필가들은 '모두가 잘사는 방법'을 고민했다. 정치가이면서 시인이었던 라마르틴은 더 잘사는 사회를 만드는 '목적'에 초점을 두었고, 그것을 실현하기 위한 다양한 방법을 고민했다. 그 길에서 우정을 나누었던 바스티아는 더 잘사는 '방법'을 고민했고, 그 결과 자유주의에 기초하여 정부의 개입을 반대하고 자유무역을 강하게 밀어붙였다.

시나 경제학은 인간의 본성과 감성, 욕망을 통찰하면서 특수한 상황으로부터 보편적인 진리를 이끌어낸다. 하지만 그 눈길이 가 있는 대상이 무엇인가에 따라 구체적인 표현은 달라질 수밖에 없다. 두 사람이 그랬던 것처럼…….

클로드-프레데릭 바스티아 Claude-Frédéric Bastiat
1801~1850. 프랑스 경제학자. 자유주의자이면서 프랑스의 국회의원을 지
냈다. 애덤 스미스의 고전파경제학을 지지한 사람으로 자유시장을 선호했
다. 자유무역 또한 지지하여 관세의 부정적 영향을 논증하기도 했다. 특히
기회비용 개념을 개발한 것으로 유명하다. '깨진 창문'의 비유를 통해 기회
비용을 설명하면서, '파괴'가 경제에 좋다는 주장을 논박했다. 『법』*La legge*
이 그의 대표작이다.

알퐁스 드 라마르틴 Alphonse de Lamartine
1790~1869. 프랑스의 시인이자 정치가. 대표 시집 『명상』*Méditations
poétiques*으로 낭만파의 대표적인 시인이 되었다. 제2공화정의 설립에 참
여했으며 외무대신으로 활약했다.

가격으로 매길 수 없는 진리와 가치

피셔 블랙과 김종삼

피부로는 잘 느끼지 못하지만 우리는 금융 파생상품을 자주 접하고 종종 권유받고 있다. 아파트 분양권을 거래하는 일은 그 좋은 예다. '당첨만 되면 대박'이라는 유행어대로 아파트 가격이 오른다는 데 기대를 걸고 사람들은 분양권을 사고판다. 이 거래에서 주고받는 웃돈을 'P'라고 일컫는단다. '프리미엄'의 첫 글자로 미국에선 보험 가입료를 칭하는 말인데, 다시 말하면 그 (금융)상품의 실제 가격인 셈이다. '가격'이 있어야만 이런 상품들을 팔고 살 수 있다. 그래서 개개인들은 여기에 서로 다르게 가격을 매겨 거래를 하고, 그 차익을 남긴다.

파생상품 중 하나인 옵션의 '공정한 가격'을 구하는 법을 마이런 숄즈^{Myron S. Scholes}와 함께 처음 학계에 발표한 사람은 미국의 경제학자 피셔 블랙^{Fischer S. Black}이었다. 기초자산의 가격이 얼마나 변할지와 그것을 사고팔 때까지 남은 기간 등을 고려해서 옵션의 공정한 가격을 구해냈다. 분양권을 예로 들면 아파트가 완공되는 때와 집값이 어떻게 변할지에 대한 정보라고 할 수 있겠다. 옵션을 거래할 때 사람들은 이 모형을 통해 공정한 가격이 과연 얼마인지 참고해서 가격을 매길 수 있다.

그간 옵션 시장은 엄청나게 성장했고, 시카고에는 옵션 상품 거래소가 들어섰다. 1973년 만들어져 세상을 바꾼 이 모형은 1997년에 마이런 숄즈에게 노벨상을 안겨주었다. 블랙은 후두암으로 세상을 떠난 터라 아쉽게도 수상자 명단에 이름을 올리지는 못했다.

블랙은 경기변동과 화폐에 관심이 많았다. 특히 불확실한 미래에 대한 사람들의 서로 다른 기대가 '가치'를 각자

다르게 평가하는 데 깊이 관련된다고 생각했다.

그의 오랜 동료는 그를 일컬어 '내부자 세계에 지대한 업적을 남긴 이방인'이라고 평했다. 1990년 블랙은 이 모형을 이렇게 평가한다. "나는 왜 아직도 사람들이 블랙-숄즈 모형을 쓰는지 모르겠다. 그게 기초로 삼는 것은 간단한 가정일 뿐인데, 아니 비현실적으로 간단한 가정인데 말이다."

더 들여다보면 그의 속내를 읽을 수 있다. "실험을 통해서 이론이 전부 검증됐기 때문에 이론이 받아들여지는 것은 아니다. 그건 이게 맞는 이론이라고 주변 동료들을 잘 설득했기 때문이다." 그러니까 누구나 받아들이는 '공정한 가격'이라는 건 하나의 계산일 뿐이지, 그 '실제 가치'는 아니라는 소리다.

이 말에 김종삼金宗三 시인의 시 「장편掌篇 2」가 포개어진다.

(…)

밥집 문턱엔

거지소녀가 거지장님 어버이를

이끌고 와 서 있었다.

주인 영감이 소리를 질렀으나

태연하였다.

어린 소녀는 어버이의 생일이라고

10전짜리 두 개를 보였다.

—「장편 2」부분(『북치는 소년』, 민음사 1979)

국밥 한 그릇의 가치가 흑백사진처럼 눈에 그려진다. 10
전이라는 가격은 다만 하나의 계산일 뿐이다. 결코 그 실제
가치가 될 수는 없다.

시인 김종삼은 가격을 따라서 살지 않고, '가치'를 좇았
다. 동아방송에서 일했기에 생활이 어렵지 않았을 텐데도
집은 늘 가난했다. 시인의 아내가 집안을 책임질 수밖에 없
었다. 설렁탕과 소주와 사람에게 늘 월급봉투가 먼저 열렸
기 때문이다.

인간의 죽음이 뭐냐는 질문에 시인의 답은 그대로 시였
다. "모차르트를 못 듣게 되는 것."

시가 뭐냐는 물음에는 시로 답했다.

엄청난 고생 되어도

순하고 명랑하고 맘 좋고 인정이

있으므로 슬기롭게 사는 사람들이

그런 사람들이

이 세상에서 알파이고

고귀한 인류이고

영원한 광명이고

다름 아닌 시인이라고.

—「누군가 나에게 물었다」 부분

(『누군가 나에게 물었다』, 민음사 1982)

　사람들을 발견하고 사랑하는 진리를 알았던 시인이 있
었다. 또 이론만으로 포섭할 수 없는 사회의 실재가 있다고
말했던 경제학자도 보았다. 이 사람들의 가치를 우리는 정
녕 가격으로는 매길 수가 없다.

피셔 블랙 Fischer S. Black
1938~1995. 미국의 수학자이자 경제학자. 인공지능에도 관심이 많았고
응용수학으로 박사학위를 받았다. 금융 파생상품인 옵션의 적정 가격을
평가하기 위한 수학적 모형(블랙-숄즈 모델)을 최초로 개발했지만, 스스
로 강한 비판자이기도 했다. 워낙 영향력이 큰 연구라 같이 작업했던 숄
즈와 머튼에게 노벨경제학상이 주어졌는데, 블랙의 죽음을 일부러 기다
렸다는 설도 있었다. 만년에는 거시경제학을 연구했다.『경기변동과 균형』
Business Cycles and Equilibrium 등의 저서를 남겼다.

김종삼 金宗三
1921~1984. 황해도 은율에서 태어나 일본 토요시마 상업학교를 졸업했다.
원래는 음악적인 순수시를 지향하다가 후기에는 과감한 생략으로 현대의
절망과 정신적 방황을 탐구하였다. 대표 시집『북 치는 소년』.

슬픈 시대의 천재란 어떤 존재일까

폰 노이만과 미당 서정주

어떤 사람의 천재적인 능력과 사상은 반드시 하나로 겹쳐
지지는 않는다. 실제로 우리는 그런 능력이 오용되는 경우
를 적잖게 마주한다.

현대 경제학의 20세기는 1903년 12월 헝가리에서 태어
난 존 폰 노이만^{John von Neumann}의 출생과 같이 밝아왔다. 폰
노이만은 미시경제학의 한 갈래인 게임이론을 만들었다.
협력, 갈등, 대립 등 개체 간의 상호작용을 수학적으로 나

타내려는 시도는 있었지만, 폰 노이만처럼 이를 경제행동에 국한해 이론·정식화한 이는 처음이었다. 게임 참여자들은 자신의 보상을 가장 크게 만드는 전략을 선택하는데, 이들은 상대방이 '합리적으로' 결정한다는 것을 알고 있다. 폰 노이만은 이런 상황에서 참여자들의 행동과 사회가 최종적으로 도달하는 균형을 연구했다. 영화 「뷰티풀 마인드」의 존 내쉬, 2014년 노벨경제학상 수상자 장 티롤도 게임이론을 천착했다.

우리 시대의 진정한 천재인 폰 노이만은 게임이론만 직조한 게 아니라 수학을 쓰는 모든 학문에 심대한 영향을 끼쳤다. 컴퓨터의 기본 얼개(폰 노이만 컴퓨터)를 제시했고, 핵폭탄의 기본원리를 계산했으며, 양자역학에 수학의 언어를 입혔다.

폰 노이만이 현대 경제학의 선구자이듯, 우리 현대 서정시는 미당 서정주徐廷柱와 함께 열렸다. 대중에게 잘 알려진 「귀촉도」「국화 옆에서」「추천사」「푸르른 날」외에 1,000여 편이 넘는 작품을 남긴 그는 이 땅의 그 어느 시인보다 천부적인 능력을 지닌 그야말로 천재 시인이었다.

「맥하」는 생명력을 관능적으로 노래하는 시다.

황토^{黃土} 담 넘어 돌개울이 타

죄^罪 있을듯 보리 누른 더위-

날카론 왜낫^倭 시렁우에 거러노코

오매는 몰래 어듸로 갔나

(…)

땅에 누어서 배암같은 게집은

땀흘려 땀흘려

어지러운 나-ㄹ 업드리었다.

　　　　　　　　　　—「맥하」부분(『미당 시전집』, 민음사 1994)

　그 도입과 마무리만으로도 강렬한 예술적 인상을 주기
에 충분하다. "아름다움 배암……/을마나 커다란 슬픔으로
태여났기에, 저리도 징그라운 몸둥이라냐"로 시작하는 「화
사^{花蛇}」에서는 보들레르의 「악의 꽃」처럼 선악, 미추, 진실
과 허위, 현실과 이상 같은 모순 속에 놓인 보편적인 삶을
절절하게 묘사한다.

　미당은 우리 시대 최고의 서정시인임엔 틀림없지만, 그

의 천재성은 안타깝게도 역사에 뻗대고 어깃장을 놓아왔다. 일제 말 친일작품을 발표하고, 이승만의 전기를 쓰고 전두환에게 시를 써보냈다. 그의 시처럼 그도 사람인지라 빛과 그림자가 있을 수밖에 없지만, 해방 후 그의 영향으로부터 자유로운 시인이 많지 않다는 점을 생각하면 무척이나 가슴 시린 부분이다.

『뉴욕타임즈』 컬럼니스트이자 경제학자 폴 크루그먼의 말마따나 수학이 중요해지면서 경제학은 이제 가치판단에서 멀어져 '중립 과학'으로 변모되었음을 고백하지 않을 수 없다. 상황이 이렇게 된 데는 폰 노이만의 사상적 역할이 컸다. 수학은 가치판단과 별개라는 점이 게임이론의 바닥에 진하게 녹아 있었기 때문이다.

폰 노이만은 미국 망명 전의 경험으로 반공을 강조하는 신념을 갖게 됐고, 핵폭탄 개발에도 무척이나 적극적이었다. 그는 "소련 폭격은 내일이 아니라 오늘 당장 해야 한다. 만일 오늘 5시에 폭격한다면 왜 1시가 아니냐고 되묻겠다"고 했다. 심지어 원자탄을 "반드시 교토에 투하해야 한다, 일본인이 좋아하는 문화재가 많은 도시니까"라고까지 말했다.

종이 위의 물체에 빛을 비출 때, 빛과 종이가 이루는 각도에 따라 그림자의 모양이 달라진다. 천재성의 빛으로 종이 위에 그려진 그림자가 자꾸 엇나가기만 한다. 그런 순간을 목격할 때마다 우리는 진심으로 슬프다.

미당과 폰 노이만은 분명 이 시대의 최고였다. 동시에 그들은 슬픈 시대의 천재란 어떤 존재일까 하는 의문을 던져주는 거울이며, 인간적 자기성찰이 얼마나 중요한지를 가르쳐주는 존재의 그림자로 남았다.

존 폰 노이만 John von Neumann
1903~1957. 경제학, 게임이론, 응용수학, 컴퓨터과학, 양자역학, 수치해석, 정보이론 등 현대 과학 전반에 지대한 영향을 끼친 진정한 '천재.' 맨해튼계획에 참여하여 핵폭탄을 만드는 데도 기여했다. 가장 중요한 기여는 양자역학, 연산자이론, 에르고딕이론이라고 자평했다. 그가 10년만 더 살았다면 세상이 어떻게 더 달라졌을지 모른다는 인상적인 평가가 있다. 『양자역학의 수학적 기초』 *Mathematical Foundations of Quantum Mechanics* 등을 썼다.

서정주 未堂 徐廷柱
1915~2000. 천재적 시적 자질과 왕성한 활동으로 해방 전후에 걸쳐 한국 문학계에서 큰 영향력을 행사하였으나, 일제강점기 친일 및 반인륜 행적과 신군부 치하에서의 비굴한 처신 등으로 논란의 대상이기도 하다.

'지금, 여기'에서 이뤄지는 거대한 변화

케네스 볼딩

87년 6월 항쟁은 민중 한 사람 한 사람이 모여 이루어낸 실로 거대한 변화였다. 단순한 원자 하나가 모여 세포가 되어 결국 온전한 생명이 되는 것 같은, 어떤 유기체 혹은 생명현상처럼 놀라운 진화였다. 환경에 가장 잘 적응하는 개체만이 살아남는다는 적자생존·약육강식의 그 진화(사회진화론)를 말하려는 게 결코 아니다. 조그마한 것들이 제가끔 모여 완전히 새 것을 일구어내는 창발적 진화(복잡계)를 말하고자 함이다.

다른 때와 마찬가지로 그 6월에도 함께였던 함석헌 선생은 이들 민중을 씨알로 일컬었다. 씨알은 각자가 주체적으로 끊임없이 자라며, 또 서로 이어진다고 했다. 세포가 모여 한 생명이 되듯이, 이들이 모이면 상상할 수 없던 웅대한 변혁이 일어난다. 함석헌 선생은 생명을 사랑한 사상가였다. 평화운동가였고 시인이었으며 퀘이커교도였다. 노벨평화상에 추천된 적이 있을 정도로 세계가 주목한 한국의 사상가였다.

세상은 넓어, 그런 사람이 또 있었다. 바로 케네스 볼딩 Kenneth E. Boulding. 볼딩 역시 평화운동가였고 철학자이며 퀘이커교도였다. 거기에 세 권의 시집을 낸 시인이기도 하다. 노벨상에도 자주 추천되었다. 평화상은 물론이거니와 경제학상 후보로도 종종 물망에 올랐다(결국 그 상은, 볼딩 학설과 사상의 연장선에 있는 행동경제학자 대니얼 카너먼에게 주어졌다).

볼딩은 경제학자다. 전세계에서 가장 많이 팔린 폴 사무엘슨의『경제학』*Economics*이 나오기 전까지 그의 첫 책『경제분석』*Economic Analysis*은 당대 최고의 경제학 교과서였다. 노벨경제학상보다 받기 어렵다는 전미경제학회의 클라크 메달을 받았으며, 전미경제학회 회장을 지내기도 했다.

그는 영국 리버풀에서 가난한 기술자의 아들로 태어났다. 화학을 전공으로 택해 장학금을 받고 옥스퍼드로 유학했으나 부유한 사립학교 출신들 속에서, 하층계급 억양의 그는 자신의 출신을 지울 수가 없었다. 대신 그 당시 세계의 가장 어려운 문제인 실업과 전쟁을 해결하기 위해 경제학으로 전공을 바꾸었다. 박사를 마치지는 않았으나, 계급의식이 비교적 덜한 미국으로 건너간 뒤 해방감을 느끼며 학문의 영역을 넓혀갔다.

시인으로서 여러 편의 소네트를 쓰는 데도 열성이었다.

사람들을 힘껏 떠미는 네 가지는

위협, 교환, 설득, 그리고 사랑

그런데 이들이 잘못된 비율로 섞여 있네.

이것들은 문화적 단절을 일으킨다네.

모두가 잃는 게임에서

위협은 여러 학대를 가져온다네.

교환은 모든 나라를 잘 살게 한다네.

그러나 위험하게 서로를 소외시키지.

설득은 형제들을 끌어모으지만

다른 사람들과 똑같은 바보를 만들기도 한다네.

증오보다 더 매력적인 사랑은

제대로 퍼지는 데 정말 오랜 시간이 걸리지.

이 시는 볼딩이 쓴 경제학 논문의 맨 끝에 실린 것으로 자신의 논지를 한 편의 시로 요약한 것이다(시는 언어경제학이라는 면에서 보면 매우 '경제적'이다!).

볼딩을 그저 '주류의' 경제학자로만 보면 곤란하다. 그의 중대한 업적은 '진화경제학'에 있기 때문이다. 정보의 흐름을 매개로 사람들 한 명 한 명은 더 복잡한 하나의 유기체로 합쳐진다고 보았다. 이로 인해 경제·사회는 여러 갈래로 진화(변화)해간다고 논증했다. 그러니까 앞서 말한 '창발적 진화'와 같은 뜻을 차용한 것이다.

"코트 한 벌은 결국 여러 노동자 개개인의 노동력과 기술(정보)을 '조합'시켜 만든 것이다"라는 말은 그의 관점을 잘 보여준다. 역저 『생태역학』에서 그는 유기체처럼 짜인 복잡계가 갖는 위협-교환-통합의 일반적인 제도로 정치경제를 이해했다. 또 사람들로 구성된 '조직'의 창발적 진화가 경제효율뿐 아니라 사회윤리를 구현한다고도 논증했다.

시를 사랑하고 사람을 신뢰한 어머니에게서 볼딩은 시를 배웠다.

우주의 목적을
알 순 없을 것이네, 그러나 지금 여기서
우리는 일구고 나눌 수 있네.
마음 지갑 속 풍부한 생각으로부터
　　과거, 현재, 미래 인간의 머릿속에서
　　자라고 펴져나간 우주의 지식을

소중한 우리 지구는 여러 가지로 만들어져 있네,
돌, 물, 생명, 그리고 사람
서로 만나며 각자 자리를 차지하고
세월이 흘러도 끝없이 변하고 있다네.
(…)
그러나 우리가 잊고 죽음에 따라
모든 것처럼 지식은 사라지네.

가르침과 배움, 사유, 실험, 놀이를 통해

젊은 마음으로 끊임없이 태어나야 한다네.

　　알고 가르치며, 가르치고 알고 있는 사람들이 아니라면

　　노쇠한 지식은 멸종되고 말 것이니.

　　　　　　　　　　　　—「정신세계를 위한 소네트」 부분

　지금, 여기에서 그는 사람들이 만들어내는 거대한 변화와 웅장한 진화를 읊었다. 그래서 그의 시는 곧 그의 경제학이 되었다.

　볼딩은 "부는 권력을 만들고, 권력은 부를 부순다"고 세계의 역사를 간추렸다. 생물의 진화는 협력을 통해 이루어지므로, 결국 모두가 서로에게 기대고 있다고 보았다. 그래서 협력하여 만들어지는 힘은, 서로 의지하므로 의식이 있는 권력이 된다.

　씨알들이 모이면, 즉 앎과 생각을 따라 서로 모이면, 결국 온전한 새 것이 만들어질 것이다. 시에서도 경제학에서도 세계가 거쳐온 역사에서도, 이미 그 사실은 잘 드러나 있지 않은가?

케네스 볼딩 Kenneth E. Boulding
1910~1993. 영국에서 태어난 미국의 경제학자이자 시인. 조지프 슘페터,
프랭크 나이트의 제자로 공부했다. 주류경제학의 교육을 받았지만, '균형'
보다는 '진화'와 '변화'에 초점을 맞추어 생태경제학을 위시한 경제학의 새
로운 문을 열어젖혔다. 함석헌과 마찬가지로 퀘이커교도로서 삶의 초점을
평화에 놓았고, 합리적 선택과 최적화만이 기준인 기존 경제학과는 다른 세
계를 지향했다. 틈틈이 자기의 생각을 시에 담아내기도 했다. 『경제 분석』
Economic Analysis 등의 저서가 있다.

사회발전의 보편성에 대한 고민의 차이는 현실과 이상을 가른다

월트 휘트먼과 월트 W. 로스토

2017년 3월, 사람들은 헌법재판소의 대통령 탄핵 선고에 대해 옛 시대를 청산하고 새 시대가 열리는 시작이라고 평했다. 옛 시대란 개발독재 시대를 일컫는 것이리라.

　1961년 5·16 군사쿠데타 직후 우리 경제에는 균등발전과 자립형 경제모델이 고려된 적이 있다. 그러나 당시 생산요소인 자본이 엄청나게 모자랐고, 자본을 조달하기 위해 굴욕적으로 조약을 맺거나 원조를 받기도 했으며, 해외로

국민을 (범국민적 동의없이) 파병하기도 했다. 결국 '불균등 발전'으로 돌아설 수밖에 없었다. 한쪽에만 몰아줬기에 물가는 치솟았고 생활필수품도 모자랐다. 재벌이 만들어지기 시작했고, "케이크가 커지면 나눠줄게"라는, 익숙하지만 지켜지지 않는 약속이 남발되었다. 지금 우리가 처해 있는 심각한 불평등의 뿌리가 된 셈이다.

우리나라의 이러한 성장모형은 어디에서 왔는가? 바로 미국의 경제학자 월트 W. 로스토^{Walt W. Rostow}에게서 시작됐다. 실제로 그는 미국 행정부에서 일할 때 우리나라에 여러 차례 찾아왔다. 자신이 제시한 경제개발 모델을 따르도록 권했으며, 한·일 국교정상화를 계기로 한국이 해외의 자본을 적극적으로 도입하기를 촉구했다.

그는 열다섯살에 예일대학에 입학해 스물넷에 박사학위를 마치고 대학에서 교편을 잡았다. 2차 세계대전 중에는 중앙정보부^{CIA}의 전신인 군전략첩보대^{OSS}에서 폭격 대상을 골라내는 일을 했다(사실 이런 일은 경영과학^{OR, Operations Research}으로 대표되는 최적화 계산과 수리경제학의 근간이 된다). 냉전이 시작되면서 유럽동맹을 지원하기 위해 마셜플랜을 설계하는 일을 도맡기도 했다. 존 F. 케네디와 린든 존슨 대통령 행정부에서 일하며, 자본을 늘려서 경제가 성장하면 민주주의가 더 나아질 수 있다고 강하게 주장했다.

그의 유명한 책 『경제성장의 여러 단계: 반공산주의 선언』The Stages of Economic Growth: A non-communist manifesto은 이런 생각을 적극 반영하고 있다. 모든 사회는 '전통-과도-도약-산업화를 통한 성숙-대량소비'의 다섯 단계를 지나 발전한다고 그는 설파했다. 이는 선진국이 수백 년에 걸쳐 이룩한 경제성장에 후진국도 재빨리 도달할 수 있다는 의미로 해석됐다. 여기에는 자본의 원조와 집중투자가 전제됐다. 그의 모형을 따라 경제는 적어도 지표상으로는 빠르게 발전했다. 그러나 불균형한 지원은 불평등을 심화시켰고, 경제대국 혹은 선진국의 '원조'는 후진국들이 선진국에 종속되는 결과를 낳았다. 또한 수출주도형 발전은 한 나라의 경제체제의 완결성을 깎아먹었다. 나아가 경제개발이 이념과 연결되는 문제를 낳고 말았다.

학술적으로 그의 이론은 '개발론'으로 불리며 성장을 이해하는 중요한 도구가 돼왔다. 하지만 정책의 입안이라는 측면에서는 자국의 이익과 헤게모니만을 우선시했다. 이를 좇은 개발도상국들이 독재·부패·불평등과 같은 여러 문제에 빠져드는 현상을 외면했고, 이 점에서 결코 '보편성'을 획득하지 못했다.

경제학자 로스토의 축약된 가운데 이름 W.는 '휘트먼'이다. 그러니까 그는 『풀잎』$^{Leaves\ of\ Grass}$이라는 시집으로 잘 알려진 시인 월트 휘트먼$^{Walt\ Whitman}$과 이름이 같다. 어떻게 똑같은 이름을 가졌을까? 휘트먼과 그의 시를 사랑한 '사회주의'와 '진보' 성향의 이민자인 로스토의 부모가 휘트먼을 따르길 바라는 마음으로 이름을 지어준 덕분이었다.

미국 '자유시'의 아버지로 불리는 휘트먼은 인종을 넘나들며 보편성을 얻었고 청교도 윤리가 강했던 미국 사회에서 '성'을 노래했다. 가난한 삶을 돌아보며 신문을 발행했던 그는 사회적인 시도 썼다.

"오 캡틴! 마이 캡틴!" 교실을 떠나는 키팅 선생을 향해 학생들이 자리를 박차며 외친다. 영화 「죽은 시인의 사회」 마지막의 이 외침은 바로 휘트먼의 시에서 따온 것이다. 본래 이 시는 링컨에게 바치는 추모시였다. "마이 캡틴"을 부르며 "당신을 위해 깃발이 휘날리"고 "당신을 위해 꽃다발이 준비돼" 있다고 시인은 읊었다.

휘트먼은 자주 사회 헌신을 노래했고, '애국하는' 마음을 중요하게 여겼다. 퀘이커교도인 그는 모든 이들의 평화와 평등을 사랑했다. 노예제가 폐지되길 바랐고, 계급과 성에 대해서도 열린 시각을 가졌다.

그는 「나 자신의 노래」 연작에서 이렇게 썼다.

나는 나를 예찬하고 나 자신을 노래한다.
그리고 내 상상은 네 상상이기도 하다.
대체로 내게 속하는 모든 원자는
당신 것이나 마찬가지니
(…)
신조든 학파든 상관 없이 지금으로 족하니, 잠시 거기에서
물러나, 그러나 잊지 말고
선악을 다 용납하고 모든 고난을 무릅쓰고 마음껏 말할
테다,
본유의 정력으로 거리낌없이 자연과 나의 천성을.
　　　　　　　　　　　　　　　　　　　　—「나 자신의 노래 1」 부분

내가 올라갈수록 뒤에는 지난 날의 환영들이 고개 숙이고
있다.

멀리서 나는 거대한 태초의 무無를 보고, 거기 내가 있음을 깨닫는다.

나는 보이지 않는 상태로 늘 기다렸고 안개 속 혼수상태 안에 잠들어 있었다.

그리고 서두르지 않았고, 악취나는 탄소에 상처받지 않으면서

오랫동안 나는 꼭 껴안았다.
오래 오랫동안

— 「나 자신의 노래 44」 부분

휘트먼은 '나'를 믿었다. 그 믿는 '나'들이 서로서로 기댈 때, 그래서 너와 내가 같다는 것을 알 때가 곧 자연스러운 모습이라고 믿었다. 그리고는 "영혼을 모독하는 것을 멀리하고/당신이 장엄한 시가 되게 하라"고 일갈했다(「풀잎」 서문).

두 월트 휘트먼은 자신들이 속한 사회를 사랑했다고 나는 믿는다. 그런데 그 사랑이 한 나라를 넘어 바라본 곳은 무척이나 다르다. 그것은 마치 '현실경제학자'와 '시인'의 차이인 것처럼 보인다.

월트 휘트먼 로스토 Walt Whitman Rostow
1916~2003. 자본주의의 효율성을 신봉한 미국의 경제학자이자 반공 사상
가. 현실에 적극적으로 참여, 케네디 및 존슨 행정부의 국가안전보장 고문
으로 베트남전 참전과 개발도상국들의 경제성장·반(反)공산화를 위한 정
책 등 다양한 정책을 개발했다. MIT 재직 시절 쓴 『경제성장의 여러 단계:
반공산주의 선언』 The Stages of Economic Growth: A Non-communist
Manifesto을 통해 사회의 경제적 성장을 다섯 단계로 구분함으로써 '성장
전략'과 '도약 전략'을 도출했고, 미국의 개도국 지원사업의 근거가 됐다.

월트 휘트먼 Walt Whitman
1819~1892. 미국의 시인. 자유시의 아버지로서 미국 시의 한 표본을 완성
한 시인으로 평가받는다. 대표 시집 『풀잎』 Leaves of Grass 은 높이 평가받
았지만 지나치게 관능적인 표현으로 음란하다는 평가를 받기도 했다.

삶과 사람에 관심이 있다면
그들은 통하지 않을 수 없다

로버트 브라우닝과 아서 피구

경제학의 역사는 200여 년 정도로 어림된다. 1770년부터 대략 100년은 고전학파로 보고, 이후에 이어지는 신고전학파는 1870년부터 1940년까지 유행했다. 이후 30여 년 간은 케인스학파가 영향력을 행사한 때였고, 그에 대한 비판으로 프리드먼과 통화주의 경제학자들이 득세했다. 신고전학파는 이미 먹은 고구마에 보태 하나를 더 먹을 때의 즐거움(가치)을 따지는 '한계효용'의 원리를 바탕으로 창시됐다. 이 논의는 스위스 로잔의 왈라스, 오스트리아의 멩거, 영국의 제본스에 의해 시작됐지만 스위스의 국력 약화와 나치의 빈 점령으로 인해 제본스의 후계만 살아남았다. 알프레드 마셜은 한계효용과 밀의 고전파 경제학을 종합해 '경제학'이라는 이름을 만들었다.

경제학자 아서 시실 피구^{Arthur C. Pigou}는 마셜의 열렬한 후계자로 '모든 경제학설은 마셜의 글 안에 있다'고 강조할 정도였다. 피구는 케인스가 등장하기 전까지 신고전학파의 대부로, 영국의 농업 발전, 평화적 산업 확장, 실업 해결 등을 연구했다.

피구의 유년시절과 몇몇 저작은 그가 문학과 시에 얼마나 큰 관심을 가졌는지를 보여준다. 케임브리지대학 킹스 칼리지에서 시로 총장상을 받았고, 시와 철학, 윤리학을 통해 개인의 양심, 그리고 사회를 탐구했다. 경제학자로서 자리를 잡은 1924년에도 그는 「시와 철학」이라는 논문을 썼다.

시인 로버트 브라우닝^{Robert Browning}은 피구가 특히 관심과 애정을 쏟은 문학가였다. 브라우닝은 그림 형제의 『피리 부는 사나이』를 동시로 쓴 것으로도 유명하다. 그는 워즈워스 등의 시인과 달리 '인간'과 '영혼'을 주로 노래했다.

그의 시, 「최고의 선」과 「인생」은 이렇게 서로 이어진다.

꿀벌 자루에 한 해 내내 모은 온갖 꽃과 향기, 그보다,

진주알 속에 감춰져 있는 바다의 빛과 그늘

향기와 꽃, 빛과 그늘, 풍요와 놀라움, 그보다,

훨씬 더 높은 것이 있다.

(…)

우주 안에서 가장 빛나는 진리,

그것은 한 소녀의 입맞춤.

—「최고의 선」 부분

브라우닝은 세상의 문을 여는 열쇠로서 사람의 몸짓을 구가했다.

책 읽을 시간을 떼어두어라.

그 시간에 지혜가 솟아오른다.

웃을 시간을 떼어두어라

바로 영혼의 노래다.

사랑할 시간을 떼어두자.

그대의 인생은 짧기 때문에

—「인생」전문

시인은 사랑을 어디엔가 비축해두고 늘 꺼내봐야 한다
고 말했다. 사회에는 사람이 있고, 사람에겐 사랑이 있어야
하므로.

부유한 은행가의 아들이었던 브라우닝은 유물론 대신
인간 영혼의 힘과 신의 존재를 노래했고 자연의 풍광을 사
랑했다. 인생의 후반기를 이탈리아에서 보냈지만 그의 시
정은 사람의 삶과 영혼을 내내 향하고 있었다.

사람과 삶을 앞에 두는 브라우닝의 시와 사상은 피구에
게도 전해졌다. 피구가 킹스칼리지의 교원이 되고자 저술
한 학위논문은 경제학 논문이 아니었다. 오히려 시에 관한
것이었다. 그렇다, 그는 바로 브라우닝을 연구했다. 피구
는 사회를 바라보는 자신의 시각이 시인의 렌즈 덕분에 싹

텄음을 고백했다. 그래서 피구는 경제이론의 목표가 사람, 특히 사회적 약자의 생활 조건을 개선하는 데 있다고 일갈했다.

경제학자로서 피구의 중요한 저술은 복지 증진을 목표로 하는 후생경제학, 고용이론, 조세이론 등에 집중되었다. 이것들은 사람과 삶에 대한 긍정과 복지에 대한 사회적 관심에 기초하고 있다. 피구는 처음으로 재정정책을 자원배분, 소득분배, 경제안정으로 나누었고, 자유방임의 한계를 지적하면서 정책으로 사회복지를 개선할 수 있는 방안을 고민했다. 그 연장선으로 공장의 매연처럼 의도치 않게 거래당사자 이외의 사람들에게 비용을 전가하는 '외부효과'의 개념도 적극적으로 마련했다.

재화의 분배를 조정하는 기능으로서 정치와 마찬가지로 생산, 분배, 소비를 연구하는 경제학은 사람에 대한 깊이있는 이해와 뚜렷한 관점이 요구된다. 브라우닝은 사람과 삶을 앞에 두고 시를 지었고 신神을 정의했다.

나는 내 영혼을 확인하려 가련다!
새들이 발자국 없는 길을 보듯이 나도 내 길을 본다.

나는 도착하리라! 어느 시간, 어느 길이었는지

나는 묻지 않으련다. 하느님이 우박이나

눈부신 불덩이, 진눈깨비나 딱딱한 눈을 내리지 않는다면

언젠가, 그분의 선한 때에 나는 도착하리라.

하느님은 나와 새들을 인도하시기에. 그분의 선한 때로!

—「사람, 새 그리고 하느님」

  피구가 읽고 연구한 브라우닝의 시는 이랬다. 그의 관점이 오늘날 후생경제학이나 환경경제학의 근간이 된 연유를, 이제는 헤아릴 수 있겠다.

아서 피구 Arthur C. Pigou
1877~1959. 현대경제학에서 빼놓을 수 없는 신고전파 경제학의 아버지.
물가가 내려가면 화폐의 실질가치는 오르고 그에 따라 소비가 늘고 결국 고
용이 확대된다는 피구 효과를 발견한 것으로 유명하다. 개인의 합리적 경제
활동의 결과로 경제 전체의 복지가 증가할 수 있다는 미시경제학의 기초를
닦기도 했다. 그러면서도 세금으로 외부효과를 시장 안에서 해소하자고 주
장했다. 주요 저서로 『후생경제학』 *The Economics of Welfare* 이 있다.

로버트 브라우닝 Robert Browning
1812~1889. 영국의 시인이자 극작가. 그의 시는 아이러니와 사회적 장치,
도전적인 언어로 유명하다. 특히 극적 독백을 활용한 심리묘사로 호소력을
얻는다. 『안드레아 델 사르토』 *Andrea del Sarto* 등의 명작을 남겼다.

세기의 쏘울 메이트

초판 1쇄 발행 2020년 4월 25일

지은이 김연
펴낸이 안병률
펴낸곳 북인더갭
등록 제396-2010-000040호
주소 10364 경기도 고양시 일산동구 고봉로 20-32, B동 617호
전화 031-901-8268
팩스 031-901-8280
홈페이지 www.bookinthegap.com
이메일 mokdong70@hanmail.net

ⓒ 김연 2020
ISBN 979-11-85359-34-2 03300

이 도서의 국립중앙도서관 출판예정도서목록(CIP)은
서지정보유통지원시스템 홈페이지(http://seoji.nl.go.kr)와
국가자료공동목록시스템(http://www.nl.go.kr/kolisnet)에서
이용하실 수 있습니다.
(CIP제어번호: CIP2020015740)